AF346623

CATALOGUE BUHOT

Il a été tiré de ce catalogue *cent cinquante exemplaires* tous numérotés à la presse et revêtus de notre griffe.

a la mémoire
de mon cher maître et a
Félix Buhot
+ 26 Avril 1898
F. Courboin

GUSTAVE BOURCARD

Membre d'honneur de la Société de Peintres-Graveurs Français

FÉLIX BUHOT

AVEC UN PORTRAIT DE L'ARTISTE PAR FRANÇOIS COURBOIN

CATALOGUE DESCRIPTIF

DE SON ŒUVRE GRAVÉ

Avec une préface d'Arsène ALEXANDRE

PARIS

H. FLOURY, LIBRAIRE-ÉDITEUR

1, Boulevard des Capucines, 1

1899

Préface

Certaines âmes sont comme des bijoux précieux, rarement montrés, presque toujours enfermés dans des écrins jaloux, et qui de là passent, pour des siècles, dans un tombeau. Très peu de personnes les ont vus, admirés, et s'en souviendront à jamais ; les indifférents, à travers les temps, fouleront sans les soupçonner la terre qui les renferme. Mais c'en est assez pour qu'ils aient rempli leur mission de beauté.

Buhot fut une de ces âmes ; c'était une des plus parfaites sensibilités d'artiste et d'homme que l'on pût imaginer. Nature délicieuse, toute en élégance, en raffinement et en inquiétude, il semblait qu'il fût né par erreur dans un temps et une société de qui il ne pouvait recevoir aucune chaleur et à qui il ne pouvait rendre aucune sympathie. Aussi demeurait-il frileusement replié chez lui et en lui, parmi ses travaux qui étaient rares et subtils, et ses pensées qui étaient profondes.

Le peu d'hommes qui l'ont approché, l'ont aimé ; il n'eût pas laissé parvenir jusqu'à fleur de son intimité des esprits incapables de le comprendre et des yeux réfractaires à ce qui faisait sa joie. Délicat d'une façon merveilleuse, prompt à s'enthousiasmer comme à se désespérer, il a beaucoup aimé et non moins souffert.

Les natures grossières ou simplement indifférentes ne sauraient se rendre compte de ce que peut être une pareille vie. Hélas ! il est bien difficile d'en ranimer l'image, et, en soufflant sur des cendres, de raviver quelque étincelle de ce feu si pur ! Monsieur Gustave Bourcard peut bien classer et décrire avec une parfaite précision les œuvres qui demeurent du graveur. Il accomplit une tâche exemplaire et utile. Mais comment pourrai-je décrire l'homme disparu ? Les collectionneurs, les passionnés de belles et parfaites estampes consulteront avec reconnaissance ce répertoire si complet des états de planches. Mais comment répertorier les fugitifs et pourtant si émouvants états d'âme de celui qui rêva et œuvra ? On ne devra donc prendre le peu qui va suivre ni comme une biographie, ni même comme un essai —, plutôt comme un souvenir tendre, mélancolique, ardent toutefois, auquel se mêle un regret intense de n'avoir pas plus et mieux profité d'affections, de sympathies, de communes admirations et de fraternelles haines, tout cela généreusement offert, et pas assez fréquemment partagé.

Le personnage était charmant à voir et à entendre. Il représentait vraiment le Français dans ce qu'il a de chevaleresque, de séduisant et de loyal, lorsqu'il est pur de race, fidèle à ses origines et aux vertus de nos pères. C'était quelque chose de très sobre et de très élégant ; la démarche aisée trahissait dès l'abord le raffinement, l'éducation exquise. La fierté très grande donnait de la trempe et du prix à la tendresse qui ne demandait qu'à briller et à s'épandre ; la vivacité extrême alternait avec la rêverie attristée ; en un mot c'était un mouvement perpétuel de grâce et de tourment.

Je comparerai volontiers son esprit à ces ciels qui par moments brillent du soleil et du bleu les plus gais et les plus heureux, et sont soudain voilés par de grands nuages arrivant et passant avec une rapidité foudroyante, puis rebrillent et s'obscurcissent de nouveau dix fois en quelques instants. Ce n'est point de l'imagination ni de l'amphigouri littéraire : il suffit de consulter l'œuvre pour constater cette promptitude au tourment et à la joie. Elle est le reflet même de l'esprit ; elle a conservé quelque chose de la tension des nerfs et de leur détente ; elle a ses nuages soudains et ses allègres éclaircies ; tout cela spontané et naturel au possible, sans affectation, sans prétention, sans pose d'artiste : mais vivant, cruellement vivant, et comme tout ce qui est affaire de sensibilité, aussi évident et tangible à l'émotion que le sont au raisonnement les réalités mathématiques.

On ne peut pas dire absolument que Buhot était un romantique, car dans le romantisme il y a toujours un peu d'exagération et d'apprêt ; mais il se rapprochait du romantique par l'envolée de l'imagination, le goût de la couleur, l'amour du rêve, le fin caprice, tantôt dramatique, tantôt humoristique, perpétuellement jaillissant.

Observez son visage, son allure ; cela ne ressemble à personne. Le corps est frêle, élancé, avec des mouvements souples et d'une distinction simple. L'œil est noir et brillant comme le jais, mais sa vivacité se tempère d'une inexplicable douceur ; la barbe blanche contraste avec la figure jeune ; la moustache noire avec la barbe blanche ; l'air un peu railleur avec l'expression tendre ; le désir impétueux de se livrer avec l'instinct invincible de se tenir en garde.

Chez Buhot tout est ainsi contraste et tout est harmonie. Passionnément épris de la vie extérieure, il lui arrive de ne plus sortir de son home et de son rêve ; aimant son art et son métier avec une ferveur que peu d'artistes ont éprouvée, il demeure des mois, des années sans oser toucher un outil ; profondément loyal, il est profondément renfermé. Les seuls êtres auxquels il donne toute sa tendresse sont sa femme, son fils et quelques très, très rares amis ; encore leur fait-il partager son anxiété au moins autant que sa tendresse. Vivant surtout par les nerfs et l'imagination, on a rarement vu un homme avoir autant la peur de son imagination et châtier plus opiniâtrément ses nerfs.

Mais toutes ces choses-là se paient ; ce sont de pareilles vertus, de pareils dons qui font les saints, mais qui font également les plus malheureux des hommes. Aussi au sortir des conversations avec Buhot, l'ai-je autant plaint, et de tout cœur, que je l'admirais : je l'admirais pour la finesse exceptionnelle de son organisation, je le plaignais pour l'expiation qu'il s'imposait à lui-même et qu'il aimait et redoutait à la fois. Il se rendait si bien compte lui-même de tout cela qu'il en écrivait, à un ami, des choses comme celles-ci, par exemple : « J'ai toujours porté en moi un moine ascète et morose (que de tendresse pourtant et de candeur j'avais aussi!) et ce moine reparaît pour me prévenir que ma carrière est finie, que je ne suis plus qu'un spectateur désintéressé, mais, je crois, équitable, de la lutte artistique ».

Ou bien encore : « Moi qui vois ma vie passée, dans son enchaînement, comme dans un tableau lumineux, je m'explique très bien comment j'ai été à la dérive au point d'être aujourd'hui sans boussole. Deux causes principales : d'abord le manque de décision, le manque de vouloir suffisant, l'imagination attirée par trop de choses; une autre cause qui dérive de la première installation que je n'ai pas su changer à temps, puis et surtout les manies dévorantes d'impression, de classement, tout cela m'a mangé...

« ... Les épreuves m'ont mangé tout entier, temps et cervelle; aujourd'hui tout cet amas de papiers noircis, si difficile à classer parfois, c'est là le tourment, c'est le poids de la vie. Aujourd'hui, malgré les années perdues, je voudrais sincèrement me remettre au travail, et même au travail de l'eau forte, non par goût, mais par mortification et pour remplir le devoir chrétien du travail, en retournant humblement à la seule espèce de métier que je me suis créée. »

Cela nous mène à parler des choses par lesquelles nous aurions dû commencer et les seules peut-être dont nous aurions dû nous entretenir avec le lecteur (mais les souvenirs de l'homme se sont présentés à notre esprit d'une façon trop vive et trop poignante).

*
* *

La gravure est un des arts qui demandent, pour la pratique et pour l'appréciation, le plus de désintéressement, d'abnégation et de raffinement; Buhot devait fatalement s'y adonner, quoique ayant tout ce qu'il fallait pour faire un grand peintre. Je vais, plus loin, dire sur quoi je fonde cette dernière affirmation qui paraîtra peut-être inattendue à ceux qui ne connaissent point les « dessous » de ses gravures. Mais occupons-nous d'abord des gravures elles-mêmes.

Si l'estampe est si difficile à apprécier, c'est qu'elle réduit l'art au maximum de frugalité : de l'encre déposée sur une feuille de papier, et c'est tout pour le passant. Il ne sait point et il n'a pas besoin de savoir combien d'opérations patientes, délicates, acharnées sont nécessaires pour obtenir ce simple résultat. Il ignore le dur et fatigant travail de l'incision du métal ; puis l'anxiété des morsures : l'acide va-t-il ruiner toute la besogne ? — puis la science que l'on doit et le raffinement que l'on peut apporter aux tirages, au choix des papiers, à leur traitement, à l'encrage, à l'impression. Et combien de soins et d'alarmes j'omets de mentionner ! Et je n'ai même point parlé de ce qui est donné par dessus le marché : l'invention !

Lorsqu'on voit aux salons tant d'immenses toiles peintes qui ne veulent rien dire, l'on s'étonne du prix matériel qui s'attache à une pareille dégénérescence d'art. Tout cela aurait pu être exprimé en quelques traits sur un bout de papier. Les Japonais l'ont si bien compris, qui ont enclos en de modiques albums les spectacles les plus splendides. La peinture est devenue de nos jours un art hypertrophique, la gravure est demeurée un art normal.

Ce n'est pas à dire que cette modeste estampe ne demandera pas autant de veilles et d'efforts que ce vaste tableau ; mais voilà : l'un est de la toile, avec de la couleur dessus et un cadre autour, l'autre est un chiffon, une feuille volante, dont l'ignorant serait tenté de ne pas faire de différence avec le *Petit Journal*. Encore l'avantage serait-il peut-être pour celle de ces deux feuilles qui est tout le contraire de la beauté.

Ne nous en tenant qu'aux séductions matérielles, aux attrayants mystères que possède pour le gourmet de gravure une « belle épreuve », nous devons rappeler que Buhot fut un des ouvriers les plus délicats et les plus subtils. Il découvrit chez certains papiers des aptitudes qu'on leur déniait. Les papiers anciens, qui ont subi avec succès l'expérience du temps et qui sont devenus vénérables, solides et caressants, étaient pourchassés par lui avec un flair et un bonheur infatigables. Il aimait les inventions, les recettes et les artifices, sans rien d'illégitime toutefois, et son romantisme eût été formellement approuvé des vieux maîtres. C'est ainsi qu'il inventa l'emploi de l'essence qui, imprégnant le papier, lui donnait une souplesse, une durée, une qualité spéciales.

Il faut l'entendre parler de son attention aux épreuves, au choix du papier ; c'est admirable, ni plus ni moins.

« Je me suis toujours servi, autant que possible, pour mes épreuves d'artiste, de papiers anciens, cherchant les variétés de pâtes et de nuances. Mais ce que j'ai cherché toujours et avant tout, c'est l'affinité intime du papier, comme grain, rugueux ou tendre, comme ton, comme caractère, avec le caractère de la planche à imprimer.

« En 1870, j'avais fait un premier essai de ce genre avec une suite de douze planches inédites que j'offris aux amateurs sous forme d'album, en épreuves montées sur forts papiers sans colle, et tirées chacune sur un papier différent. Je fis jouer ensemble dans cette petite symphonie de chambre les grains rugueux, les vergures saillantes des papiers anciens, et les épidermes délicats, quasi féminins, des vélins et des japons, choisissant dans ceux-ci soit les feutres épais, d'un ton gris et sourd, soyeux au toucher ; soit les papiers de riz minces, transparents, parfois fleurdelisés en filigranes ; et dans ceux-là les Hollande verts, si fins de ton et d'une pâte si moelleuse ; enfin jusqu'à des papiers d'emballage. Les miens venaient d'Italie et n'étaient pas jeunes, mais jaunes. »

Comme il est regrettable que Buhot n'ait pas écrit un livre complet sur l'art du graveur, depuis l'incision jusqu'au séchage ! Écrit tout entier dans ce ton, il eût été aussi instructif que plein de charme. C'eût été une leçon de raffinement inappréciable. Nous sommes forcés de la chercher dans son œuvre.

*
* *

Cette œuvre, on va l'étudier dans le catalogue de M. Bourcard.
De même, on trouvera dans certaines publications telles que les
Graveurs au XIXe siècle de M. Béraldi, le *Livre* de M. Octave
Uzanne, l'*Estampe et l'affiche* (une notice de M. R. Bouyer), enfin
le *Bouais-Jan*, une petite revue normande à laquelle Buhot témoi-
gnait de l'intérêt, tous les détails biographiques qui seraient à la
fois trop longs et trop incomplets pour cette simple esquisse. Au
reste la vie de Buhot, ce sont ses *épreuves*, dans tous les sens du
mot : épreuve veut dire estampe, et aussi tribulations. Si je rappelle
simplement qu'il est né à Valognes en 1847 ; qu'il a eu une
enfance studieuse et une jeunesse mi-littéraire, mi-artistique,
ayant préparé sa licence ès lettres et suivi les leçons de Lecoq de
Boisbaudran, de Pils et de Jules Noël ; enfin qu'après avoir été,
après la guerre, quatre ans professeur au collège Rollin, il se livra
désormais tout entier à son art de graveur ; tout cela sera uniquement
ment pour qu'on ait immédiatement sous la main les deux ou trois
dates et renseignements essentiels. Mais sa vie réelle, on la recom-
posera avec la suite de ses estampes : on le verra se promener
dans les rues de Paris par la pluie, le brouillard, la neige, qui ont
tant d'attraits pour les esprits enfiévrés et troublés, et rapporter, de
ces excursions, les admirables comptes rendus et visions, en même
temps, de la *Place Pigalle*, de la rue Bréda, des *Fiacres*, de la
Place Clichy, de la *Taverne du Bagne* ; on l'accompagnera en
Angleterre, en Normandie, en Bretagne, saisissant les aspects
vivants et fantastiques des villes et des campagnes. De là, on le
suivra sans peine aux pays du rêve, car il n'y a qu'un pas de Westminster enveloppé de brumes, aux nuées parmi lesquelles s'en-
volent en murmurant plaintivement les *Esprits des Villes mortes*...

Mais c'est en feuilletant le trésor inconnu de ses dessins, cro-
quades de coins de villes et créations d'un esprit visionnaire par
moments, que l'on aurait l'affirmation de ce que je disais plus
haut : d'un grand peintre !

Une de ces visions demeure inoubliable, entre cent. L'âme de
Devéria, de Nanteuil, de Méryon, de Victor Hugo semble l'avoir
inspirée. C'est la paraphrase de l'ode à l'Arc de Triomphe :

Il te manque la ride et l'antiquité fière.

Ce que Victor Hugo imaginait ainsi Buhot le réalisa en un merveilleux dessin. Le monument de pierre se dresse, lézardé, rongé,
fruste et puissant, enguirlandé de lierre, et à travers son arche
immense, on entrevoit la cité déserte. C'est beau. Buhot avait
ainsi commencé une magnifique illustration de Victor Hugo où l'on
eût trouvé la révélation tout à fait inattendue d'une face inconnue
de son talent. C'eût été, en plus grandiose, le spectacle de caprice
et de rêve que présentent les « marges symphoniques » de ses
estampes, et particulièrement de cette partie de son œuvre, où
dans l'illustration de Barbey d'Aurevilly, sa frissonnante imagination s'est donnée carrière.

Aimer les vieilles villes et les humbles coins, c'est encore du
rêve. Une masure en dit bien long sur toute une humanité ; un
portail d'église ancienne ouvre sur l'infini. Toute cette partie insoup-
çonnée de l'œuvre de Buhot qui consiste en dessins d'après la vie,
sera plus tard aussi précieuse qu'elle demeura cachée, ce qui
n'est pas peu dire. Il y a conservé pour l'avenir des recoins de
Saint-Malo, de Valognes, qu'on a déjà commis le crime de modifier ou de démolir. Avec une verve incroyable, il a raconté et
imaginé des kermesses normandes où les oies effarées courent
après les paysans titubant, où des culs-de-jatte et des marmiteux
échappés de Callot se mêlent tout naturellement, et avec une
moderne frénésie, à cette vie exceptionnellement trépidante d'un
soir de fête en province. Puis, en peintre admirablement doué, il
a dans certaines gouaches et peintures rapides, multiplié les nota-
tions de ciel et d'atmosphère... Et ce n'est pas tout encore ; au
risque de faire sourire, je dirai qu'il a découvert la poésie des oies
et des ânes ; des humbles bêtes qui rendent tant de bons services

aux hommes et sont payées de dérision en échange. On peut, sans effort, s'élever d'un âne, d'un pauvre âne, à la méditation sur les problèmes les plus troublants et les plus immatériels. L'ânesse de Balaam était plus clairvoyante que la plupart des hommes, et elle donna à son maître lui-même une leçon d'intelligence du divin. Ne soyons donc pas surpris de voir l'âne venir jouer son rôle à ce spectacle.

Que dirai-je de plus sur Buhot? J'ai essayé de faire comprendre qu'il fut bon et troublé, simple dans son cœur et complexe dans ses impressions, imaginatif et observateur, laborieux et désarmé, et que son œuvre conserve quelque chose de tout cela après que lui-même a disparu. Cette constatation eût consolé et n'eût point surpris celui qui écrivait ces lignes pieuses :

« Nos cœurs sont des cimetières où sur les tombes plus ou moins
« fraîchement remuées, croissent des fleurs qui n'ont pas moins
« d'éclat que celles des autres prairies. Seulement, sous ces fleurs-
« là, les morts s'agitent et reviennent. Mon cimetière, où s'élèvent
« déjà bien des tombes, n'est pas un lieu d'immobilité. Mon âme
« est assise au centre, au pied d'une croix qui s'effrite, et dont les
« pierres, en tombant, me font saigner. Derrière moi est un
« espace plus étroit, morne, aride, un cimetière neuf, et quand
« je me retourne pour le regarder, vite je reviens à la vue de
« l'autre, celui des tombes vieillies et moussues, avec de beaux
« cyprès, des chênes, du lierre sur les murs et un doux horizon
« bleu à travers les arbres.

« Ah ! mes chers morts n'ont pas besoin de tombes ; ils les ont
« en moi. Je n'ai pas besoin qu'un jour férié et consacré vienne
« me rappeler leur mémoire ; mon calendrier intime porte chaque
« année cinquante deux *jours des morts* qui sont les dimanches.
« Même à Paris, aucune préoccupation ne peut m'empêcher
« d'éprouver ce jour-là jusqu'à midi un serrement de cœur, qui
« est ma façon de penser à eux et peut-être de prier pour eux.
« C'est une des raisons qui me font tenir à mes habitudes d'en-

« fance d'aller à l'église ; je les y porte avec moi. Ici je les con-
« duis chaque dimanche à la première messe du matin, la messe
« de six heures ; ils aiment cette messe-là, et si je la manque, ils
« me font des reproches toute la journée. »

Quelle belle eau forte que celle-là, et surnaturelle ! Hier elle
était encore à l'état d'épreuve unique. La voici tirée à quelques
centaines d'exemplaires pour la plus grande émotion des raffinés
et des contemplatifs.

ARSÈNE ALEXANDRE.

NOTE DE L'AUTEUR

Nous n'avons rien à ajouter à la présentation magistrale et émue que vient de faire du cher disparu notre ami et éminent confrère Arsène Alexandre. Qu'il nous soit permis cependant de remercier ici profondément et respectueusement Madame Buhot du grand honneur qu'elle nous a fait, en nous confiant la rédaction de ce catalogue: elle nous a donné ainsi l'intime joie de rendre un suprême hommage à la mémoire de l'homme et de l'artiste que nous pleurons aujourd'hui.

Ce catalogue est dressé d'après l'ordre chronologique et nous lui avons conservé les numéros primitivement établis par M. H. Béraldi jusqu'au n° 163, les autres pièces, jusqu'au n° 186, étant parues postérieurement à l'ouvrage Les Graveurs du XIX° siècle.

Nous avons eu, pour faire ce travail, la collection même de l'artiste, qui nous a été communiquée par Madame Buhot, la nôtre, et celles de différents amateurs amis de l'artiste. Nous nous sommes aidés des notes, malheureusement fort peu nombreuses, de Buhot, et avons essayé de jeter, souvent très embarrassé nous-même, un peu de lumière dans la classification des états d'un œuvre étrangement compliqué par les marges, les différences de tirage et les épreuves d'essai.

Fantaisiste de haute allure, sachant faire chanter un cuivre, comme peut-être pas un artiste de notre époque, Buhot, par le souci qu'il avait de la couleur, de la fidélité dans le rendu de la vision, de la forme, du mouvement, vingt fois sur le métier remettait son ouvrage, et, souverainement sévère et difficile pour lui-même, s'en déclarait rarement satisfait.

Certaines de ses pièces sont de purs chefs-d'œuvre, qui proclameront sa gloire en l'immortalisant : nous n'avons pas cru devoir, dans cet ouvrage, qui après tout n'est et ne doit rester qu'un catalogue, un outil, une sorte de dictionnaire en un mot, nous permettre de donner une appréciation quelconque. Ami intime de l'artiste, on eût pu croire que nous obéissions plutôt à notre cœur qu'à nos yeux ; aussi nous sommes-nous abstenu, confiant dans l'œuvre, qui saura parler mieux et plus haut que nous ne l'eussions fait nous-même.

Ce qu'il faut rechercher avant tout ici, c'est la belle épreuve, d'une belle venue, d'un beau tirage, souple, brillante et enveloppée, bien plus encore que l'état, car nous le dirons carrément, tout net et sans rougir, l'état n'est souvent que la rareté, la pièce curieuse, introuvable, la petite bête, en un mot, qui, de par son tirage extrêmement limité, unique quelquefois, est le mouton à cinq pattes qui fait le désespoir du confrère qui n'a pu se le procurer. La belle épreuve du bel état, voilà le rêve !

Chercheur infatigable, il fallait voir l'artiste tirant lui-même ses épreuves, pour se douter des soins méticuleux qu'il apportait à cette opération si délicate ! Comme il nous savait très épris et singulièrement empoigné par son art, nous le trouvions toujours prêt, en technicien consommé qu'il était, à nous donner tous les renseignements que notre curiosité nous portait à lui demander. Rappelant ainsi nos souvenirs, et évoquant une époque déjà lointaine, nous l'interrogions un jour sur l'usure des cuivres et lui demandions quelles étaient, suivant lui, les parties de la planche qui s'usaient le plus vite au tirage, et voici ce qu'il nous apprit : « Dans une planche à « l'eau forte, moderne, pittoresque et dans l'exécution de laquelle « entrent, outre l'eau forte, la pointe sèche, ébarbée ou non, le ver- « nis mou, l'aquatinte, les lavis obtenus soit par la remorsure, soit « par la fleur de soufre, voici, je crois, l'ordre à assigner aux « successives détériorations :

« 1° D'abord, la fleur du cuivre vierge, neuf, pas encore fatigué « ni surchauffé ; ce ton chaud dans les fonds qu'ont les premières « épreuves, disparaît même avant l'aciérage.

« 2° Le lavis infiniment léger, produit souvent entre les tailles « par une remorsure hardie où l'acide puissant glisse sur le vernis,

« espèce de buée qui relie entre elles les taches, les tailles et qui
« peut être considéré comme l'élément le plus subtil, mais le plus
« réel, de la très belle épreuve de carton d'artiste : l'état donne deux
« ou trois épreuves au plus.

    « 3° La fleur de soufre dure cinq à six épreuves, huit à dix au
« plus.

    « 4° La pointe sèche tient naturellement beaucoup moins que les
« parties mordues ; dans le tirage elle disparaît peu à peu, et laisse
« à nu les traits mordus qu'elle était destinée à envelopper de son
« réseau gris et serré. Cependant, quand la pointe sèche est très
« serrée, profonde, régulière, puis ébarbée, elle peut tenir fort
« longtemps. »

Nous tenions à mettre sous les yeux du lecteur ces intéressantes
observations, pour bien lui faire sentir les différences très notables
qu'apporte à la qualité de l'épreuve cette capitale question du tirage,
et le laisser conclure que ce peintre-graveur, si soucieux de cette
perfection de métier, dut engendrer des merveilles. Lorsque l'artiste
imprimait ses épreuves sur papier essencé (c'est-à-dire trempé dans
l'essence de térébenthine) il en faisait souvent trois tirages, qu'il
désignait de la façon suivante : 1° la directe ; 2° l'intercale ; 3° la
contre-épreuve.

La directe provenait de la planche encrée normalement ; l'intercale, d'un nouveau tirage du cuivre, sans nouvel encrage, et la
contre-épreuve tout simplement de l'estampe directe humide encore
et reportée par un coup de presse sur une feuille de papier blanc ;
cette pièce en contre-partie de la directe présente fort peu d'intérêt
suivant nous.

Comme indication générale de procédés, disons que toutes les
pièces de l'œuvre sont des eaux fortes, à part quelques très rares
exceptions, et le vernis mou, la pointe sèche, l'aquatinte, n'y entrent
que comme adjuvant, de même qu'une touche de lavis sur un dessin
comme demi ombre de sentiments. L'artiste timbrait souvent ses
belles épreuves d'un monogramme que nous avons reproduit en
l'amplifiant sur la couverture du présent catalogue.

En établissant cette monographie, nous avons cherché à procéder
d'une façon régulière et suivie et à donner à ce travail une physio-

nomie aussi homogène que nous le permettait la nature de l'œuvre si extraordinairement compliquée, par l'addition, et la suppression des marges symphoniques. Les dimensions indiquées en millimètres sous la rubrique de l'estampe, sont celles du cuivre originel, c'est-à-dire avant toutes les modifications ou transformations qui ont pu postérieurement y être apportées.

Et maintenant, puisse ce catalogue, si imparfait qu'il soit, être utile aux amoureux de l'estampe, en leur permettant de se guider à travers cet œuvre d'incomparable originalité, plein de saveur, tout fait de souplesse et de vigueur, d'imagination et de poésie ; c'est le vœu le plus ardent que nous inspire la mémoire de cet être tendre, délicat et exquis qu'était notre ami.

G. B.

CATALOGUE

1

VICTOR HUGO [1]

H. 0,100. — L. 0,075

La tête du Maître complètement de profil à droite ; en exergue et dans l'intérieur du médaillon : *Victor Hugo* ; sous la section du cou : *David 1825* ; en dehors et à toucher la circonférence, au trait : *Félix Buhot sc.*

1er Etat. — Eau forte pure.

2e Etat. — La planche remordue. Le fond, les cheveux et la figure ombrés.

2

L'ENLÈVEMENT DES SABINES [2]

H. 0,135. — L. 0,193

Au dernier plan à droite, un arbre et la porte d'un temple par laquelle se ruent de droite à gauche deux Lapithes renversant sur leur passage une table chargée de vases et de coupes ; pendant

1. Ce portrait, d'après David d'Angers, a été gravé par Buhot, en 1875.
2. C'est par erreur que l'artiste a donné ce titre à sa planche, la vraie rubrique est : *La Lutte des Centaures et des Lapithes*, dont la toile originale est au Musée de Madrid et l'esquisse à l'Ermitage Impérial à Saint-Pétersbourg. Voici du reste la description qu'en donne le catalogue de l'Ermitage : « A la noce de Pirithoüs et d'Hippodamie, le Centaure Eurytus cherche à enlever cette dernière qui lui est arrachée par Thésée. Derrière lui deux Lapithes, les armes à la main, se précipitent sur le ravisseur. Sur le devant, une table et des vases renversés dans la lutte ». Outre ces figures, on voit dans le tableau, à droite, des Centaures et à gauche des Lapithes et une femme.

qu'Eurytus saisit par la taille Hippodamie que Thésée lui a déjà enlevée.

1er État. — Eau forte pure. Sous le trait carré à gauche, à la pointe : *Félix Buhot aq. forti,* et à droite : *P. P. Rubens pinx.*

2e État. — La planche remordue pour ombrer, notamment le dos de l'homme qui est à cheval, le bras et le dos de la femme qui se trouve tout à fait à gauche de l'estampe, et les personnages placés sous la porte du temple à droite.

3

UN CARDINAL[1]

H. 0,198. — L. 0,140.

Vu de dos, marchant le corps légèrement penché à gauche et en avant, un cardinal s'apprête à franchir les marches qui conduisent à une église : sa main droite passée derrière le dos tient un parapluie et du même mouvement relève son manteau dont un pan est rejeté sur l'épaule gauche. La neige couvre la terre.

1er État. — Eau forte pure. En dedans du trait carré, à la pointe au bas à gauche : *J. G. Vibert pinx. Félix B. Sculps'.* Dans cet état le *J* qui précède le G *est renversé.*

2e État. — Le cuivre a été rogné en hauteur et ne mesure plus que 0,188. La planche remordue, nombreux travaux dans les fonds. Le J a été redressé et on ne lit plus que : *J. G. Vibert.*

3e État. — Les fonds ont été éclaircis, ainsi que les marches, tout le Cardinal très poussé, reprise avec accentuation au burin des plis du manteau. On lit au milieu, sous le trait carré à la pointe : *Félix Buhot sc.*

Cette planche figure dans l'album publié par M. G. Vibert. (Ses œuvres).

4

UN DIMANCHE EN ALSACE-LORRAINE

H. 0,150. — L. 0,240

Dans une plaine, au fond de laquelle on aperçoit à l'horizon à gauche des collines et une église avec son clocher, s'avance un

1. Gravé en 1875, d'après Vibert.

groupe de quatre femmes ; celle du premier plan est vieille et relève sa robe de la main droite. A gauche du sentier que parcourent ces femmes, une flaque d'eau entourée de broussailles ; à droite, on distingue une sorte de vanne ; d'autres personnages sont disséminés dans la campagne.

1er État. — Eau forte pure. Le ciel est blanc, et le mouvement des collines n'est indiqué que par un simple trait, à peine visible. Sous le milieu du trait carré : *Félix Buhot, d'après G. Jundt.* Dans le coin gauche, en dedans du trait carré : *G. Jundt.*

2e État. — Reprise de travaux, notamment dans le tablier et le visage de la vieille femme, ainsi que dans les collerettes, les tabliers et les figures des jeunes filles. Le ciel est fait, les collines sont bien accusées et le terrain, à droite et à gauche, plus fortement ombré.

3e État. — Avec la lettre. *Le Dimanche matin :* sous le trait carré, à gauche : *G. Jundt. Pinx.*, à droite : *F. Buhot sculp.* et, tout au bas du cuivre à gauche et à droite : *L'Art en Alsace-Lorraine* et *Imp. A. Beillet, Paris.*

Il a été tiré par Ardail deux épreuves d'essai du 1er état, avec trois têtes d'Alsaciennes dans les marges.

5

AU FIL DE L'EAU [1]

H. 0,198. — L. 0,275

Sur une rivière, au milieu de roseaux, tournant le dos au rivage, un homme et une femme assis dans un bateau se laissent tranquillement dériver. La femme, tendrement appuyée sur les genoux de son amoureux, appelle de la main quatre canards qui nagent près d'eux, de gauche à droite. Au fond, on aperçoit la rive boisée et à gauche, sur le bord de l'eau, le toit d'une maisonnette et quelques personnages, à peine marqués.

1er État. — Eau forte pure. Le ciel est blanc ; au milieu, sous le trait carré : *Félix Buhot sc.*

2e État. — La planche remordue ; quelques très légères et insignifiantes hachures sur l'avant du bateau, c'est-à-dire la partie à laquelle tournent le dos les amoureux,

1. D'après Jundt. Gravé en 1875.

et reprise de travaux pour ombrer l'eau et les bouquets de roseaux, à droite et à gauche.

3ᵉ État. — Le ciel apparaît et la signature de l'artiste sous le trait carré a disparu.

4ᵉ État. — Avec la lettre : *Au Fil de l'eau*, puis sous le trait carré à gauche : *G. Jundt pinx.*, au milieu, *Imp. Vᵛᵉ A. Cadart, Paris* ; à droite, *Félix Buhot sc.*, et plus bas, à gauche, *Le Musée des Deux-Mondes*, et à droite, *Librairie Bachelin Deflorenne*.

La planche est détruite.

6

SOLEIL COUCHANT [1]

H. 0,138. — L. 0,188

Dans une plaine, près de moutons couchés à gauche, de profil à droite, un berger, debout, s'appuie sur un long bâton ; son chien est assis derrière lui. Sur une légère éminence, à droite, on aperçoit une chaumière près de laquelle deux autres bergers, dont l'un est assis sur son cheval.

1ᵉʳ État. — Eau forte pure. En dessous du trait carré, à la pointe, dans le coin gauche : *Félix Buhot d'ap. Cuyp.*

2ᵉ État. — Planche remordue après reprise de travaux pour ombrer, moutons, berger et terrain.

7

PAYSAGE [2]

H. 0,148. — L. 0,187

Dans une vaste plaine parsemée de broussailles, on aperçoit presque au milieu de l'estampe, une barrière rustique et derrière

---

1. D'après Cuyp, gravé en 1875.
2. D'après Théodore Rousseau, gravé en 1875.

elle un bouquet d'arbres. Presque au milieu, sous le trait carré à la pointe sèche : *Félix Buhot aqua forti.*

Ne possédant qu'une seule épreuve avec quelques salissures de pointe sèche dans la marge de gauche, nous ne pouvons enregistrer les différents états, si toutefois il en existe.

8

PAYSAGE [1]

H. 0,140. — L. 0,180

Sur le premier plan à gauche, un gros arbre légèrement penché à gauche ; à son pied s'étend une vaste mare dans laquelle se désaltèrent trois vaches. Au fond, des bois et les derniers rayons d'un soleil couchant.

1er Etat. — Eau forte pure. Sous le trait carré à la pointe et d'une façon presque invisible : *F. B d'après de Knyff.*

2e Etat. — Reprise de travaux dans le terrain et dans le ciel, celui-ci très enveloppé.

9

LE SOIR [2]

H. 0,248. — L. 0,170

Au pied d'un tertre, sur lequel s'élève à gauche un bouquet d'arbres, une mare couverte de roseaux et de nénuphars ; à droite personnages marchant et dansant.

1er Etat. — Pointe sèche. Dans la marge de gauche léger essai de pointe ; double trait carré à environ un centimètre du trait carré du bas qui délimite la partie gravée.

1. D'après Knyff, gravé en 1876.
2. D'après Corot, gravé en 1878.

2ᵉ Etat. — Toute la planche est éclaircie, les essais de pointe et le double trait ont disparu.

3ᵉ Etat. — Le cuivre rogné dans sa hauteur ne mesure plus que 0,137. Toute la planche enveloppée à la pointe sèche avec accentuation des plans. Dans la marge de gauche au-dessous de quelques griffonis, on aperçoit au trait la silhouette d'un personnage dansant et jouant de la double flûte.

4ᵉ Etat. — Toute la planche très ombrée et mise en valeur, quelques taches de lumière sur la mare; ombrés également personnages et griffonis de la marge. Sous le milieu du trait carré : *Félix Buhot aqua forti.*

5ᵉ Etat. — Le cuivre, encore recoupé dans sa largeur, ne mesure plus que 0,105; la marge de gauche et la signature ont disparu.

La planche appartient à M. Georges Petit ; elle n'a, croyons-nous, jamais été publiée.

10

PORTRAIT DE FROMENT-MEURICE

H. 0,173. — L. 0,114

Vu à mi-corps assis, de trois-quarts à droite, regardant de face à travers ses lunettes. Le célèbre argentier porte un vêtement boutonné jusqu'au col qu'il laisse entrevoir ; un bout de cravate dépasse à droite.

1ᵉʳ Etat. — Eau forte pure. A gauche : *Félix Buhot sc.*

2ᵉ Etat. — La planche reprise pour ombrer les vêtements, les mains, la figure et le dossier du fauteuil. Dans cet état, deux traits : l'un à gauche, l'autre au bas, celui-ci double, délimitent l'estampe.

Ce portrait a été gravé pour servir de frontispice à : F.-D. Froment-Meurice, argentier de la Ville, par Philippe Burty. Jouaust, 1883.

11

JAPONISME [1]

TITRE

H. 0,260. — L. 0,179

Sur un rouleau de papier déployé perpendiculairement, à gauche caractères japonais et singe accroupi, cigogne et grenouille regardant en l'air, au milieu, en haut, on lit : *Japonisme, dix eaux fortes* ; sous le bec de la cigogne, *par Félix Buhot, avril 1885* ; à droite, vase sur socle autour du col duquel s'enroule une sorte de salamandre, de petits oiseaux sont perchés en haut sur la tranche du rouleau.

1er État. — Eau forte pure sans aucune lettre ; gravé sur zinc par Henri Guérard, d'après des calques japonais communiqués à Buhot par Ph. Burty.

2e État. — Avec les lettres indiquées à la description de cette estampe; *Japonisme. dix eaux fortes, etc.*

12

MASQUE EN BOIS

H. 0,187. — L. 0,110

Masque de face grimaçant, à gauche perpendiculairement des caractères japonais.

1er État. — Eau forte pure, au trait et fort peu ombrée.

2e État. — Très ombrée. La planche au bas du masque couverte de moucheturcs d'acide; on lit écrit deux fois le nom *Tohub.* (Anagramme de Buhot).

1. Suite de 10 pièces, reproduction de la collection Ph. Burty. Tiré à 150 exemplaires ; 50 sur Japon, 100 sur Hollande et quelques-uns, croyons-nous, sur papier jaune à semis d'or. Planches biffées ; a été édité par M. Edmond Sagot, actuellement 39 bis, rue de Châteaudun.

3ᵉ État. — Travaux ajoutés principalement dans le front, les joues et la bouche : le chiffre *1* dans le haut du coin gauche, au-dessous des *caractères japonais* et les mots : *masque Bois sculpté*. Dans le haut du coin droit : *Collection de Mᵣ Ph. Burty* et au bas du masque : *Félix Buhot aq. f.*

13

PHARMACIE IVOIRE

H. 0,188. — L. 0,147

Objet rond sur la face duquel on aperçoit trois japonais jouant d'instruments divers, au fond des bambous. Un cordon de soie entoure l'objet pour pouvoir le suspendre. En bas à gauche, dans le trait carré : *Félix Buhot.*

1ᵣ État. — Eau forte pure au trait.

2ᵉ État. — Toute l'estampe reprise et ombrée.

3ᵉ État. — Les travaux d'ombre encore plus poussés pour amener la planche à la mise au point : au haut du coin gauche le chiffre 2 et au bas : *Pharmacie Ivoire*, et à droite en haut : *Collection de Monsieur Ph. Burty.*

La pièce ne porte la signature de l'artiste dans aucun de ses états.

14

GÉNIE BRONZE

H. 0,186. — L. 0,148

Sur un socle à quatre pieds, un Génie debout la bouche ouverte et la figure grimaçante de trois quarts à droite, élève dans la main droite une sorte de coupe.

1ᵣ État. — Eau forte pure peu ombrée ; à gauche, un peu au-dessus du trépied : *Félix Buhot 1875.*

2ᵉ Etat. — Très fortement ombrée pour bien donner l'aspect du métal; au bas à droite : *Félix Buhot.*

3ᵉ Etat. — Dans le coin gauche en haut : le chiffre *3* et plus bas : *Génie Bronze. Collection de Monsieur Ph. Burty.* La signature de l'artiste au bas a disparu.

Il a été tiré en couleur sépia et vert plusieurs épreuves de cette estampe.

15

BOITE A THÉ PORCELAINE

H. 0,210. — L. 0,150

Boîte rectangulaire à goulot vue de trois quarts : sur les faces une branche fleurie, sur celle de droite un oiseau est perché, sur le goulot également une branche fleurie.

1ᵉʳ Etat. — Eau forte pure. Les parois de la boîte mouchetés ; au bas à gauche: *Félix Buhot 1875;* à droite : *Collection Ph. Burty.*

2ᵉ Etat. — La planche reprise pour accentuer les noirs de l'oiseau et de la branche et toute la bouteille légèrement enveloppée.

3ᵉ Etat. — Dans le haut du coin gauche: le chiffre *4*, et dans le bas à gauche : *Boîte à Thé. Porcelaine.*

16

VASE ÉTAIN LAQUÉ

H. 0,210. — L. 0,148

Sur un socle ajouré de trois quarts, un vase à long col autour duquel s'enroule un animal fantastique.

1ᵉʳ Etat. — Eau forte pure au trait et fort peu ombrée, au bas et à droite : *Félix Buhot 1875.*

2 *Etat*. — Toute la planche très vigoureusement reprise et remordue pour donner une puissante intensité aux noirs, principalement au col du vase.

3° *Etat*. — En haut du coin gauche : 5, *Vase Etain laqué* ; en haut, à droite : *Collection de M' Ph. Burty*.

17

CAVALIER BRONZE

H. 0,238. — L. 0,160

Un cavalier harnaché sur un cheval complètement de profil à gauche ; au-dessus de lui, également à gauche, dans un rectangle perpendiculaire, caractères japonais ; à droite, dans un autre rectangle plus grand, autres caractères et éventail ouvert.

1er *Etat*. — Eau forte pure très avancée, à la hauteur des genoux du cheval, dans un petit octogone : *1874*.

2° *Etat*. — La planche remordue avec accentuation des ombres.

Cette pièce ne porte de titre dans aucun de ses états.

18

CRAPAUD BRONZE

H. 0,257. — L. 0,153

Un crapaud de trois quarts à droite légèrement soulevé sur les pattes de devant, sur le dos duquel un autre petit crapaud est posé ; en haut à gauche encore un autre crapaud le ventre en l'air.

1er *Etat*. — Eau forte pure très avancée. En haut, à droite sous le trait qui laisse une marge blanche de 0,043 on lit : 7. *Bronze encrier. Collection de M' Ph. Burty*.

2° *Etat*. — La planche a été légèrement éclaircie.

3ᵉ État. — Le cuivre coupé en hauteur ne mesure plus que 0,213. Au bas à gauche :
F B *1883*. La planche est aquatintée.

*Il y a eu une première planche, détruite après très peu d'épreuves ; elle mesu-
rait 0,235 sur 0,160 ; on y lisait sous la tête du crapaud qui a le ventre en
l'air :* Bronze encrier collection Ph. Burty, *et au bas à gauche :* F B., *d'après
un croquis de Mʳ Ph. Burty.*

19

BARQUE DE DAI-KO-KU, BOIS

H. 0,225. — L. 0,326

Une barque chargée de gargousses et de barils vogue à pleine
voile de droite à gauche ; indiquée par un simple cercle à gauche,
la lune, traversée par le vol d'une cigogne ; en haut, à droite, des
caractères japonais. Cette barque est entourée d'un large encadrement en forme de toiture qui doit représenter la coupe de la construction de la maison de laquelle on est censé regarder la mer.

Cette pièce ne porte ni rubrique, ni nom d'artiste, et n'a qu'un seul état.

20

EX-LIBRIS PAPILLON ET LIBELLULE

H. 0,110 — L. 0,138

A droite, un papillon volant ; à gauche, une libellule, et en bas,
à gauche, un arbrisseau à larges feuilles et 7 *F. B* ¹. 7

*Il a été fait de cette pièce plusieurs essais d'aquatinte en plusieurs tons.
Madame Buhot possède du Japonisme une collection d'états unique.*

---

1. La lettre F formant monogramme avec le B.

21

AIGUIÈRE EN CRISTAL

H. 0,214. — L. 0,149

Aiguière en cristal de roche posée sur un socle ; le bec de l'anse profilant à gauche ; la pièce est enguirlandée de vermeil, perles fines et émaux présentant un puissant relief.

1ᵉ État. — Eau forte pure sans addition de burin ni de pointe sèche. Le socle blanc. — Tiré à deux épreuves.

2ᵉ État. — Le vase modelé à la pointe sèche et au burin. Le socle couvert de travaux.

3ᵉ État. — Celui publié par la *Gazette des Beaux-Arts*, portant en haut de la planche : *Aiguière en cristal de roche, vermeil, perles fines et émaux*; au bas : *Félix Buhot del et sc. — Exposition Universelle. — Exécutée par M. Froment-Meurice pour S. M. le Roi d'Espagne. — Gazette des Beaux-Arts. — Imp. A. Quantin.*

22

COUPE EN GIRASOLE

H. 0,227. — L. 0,145

Coquille en girasol gravé, supportée par une gerbée de plantes aquatiques, autour desquelles vient s'enrouler la queue d'un dauphin qui, lui, repose sur un socle bordé de coquilles. Dauphin, coquille et plantes sont en or émaillé de diverses couleurs [1].

1ᵉʳ État. — Sans fond et sans ombre portée; les barbes de la pointe sèche subsistent encore dans les accents les plus foncés de la conque, ainsi que dans le creux du pied sculpté ; au bas : *Félix Buhot aq forti 1878.*

2ᵉ État. — Addition de l'ombre portée dans la coupe; les barbes enlevées.

1. Ceci s'entend dans la coupe elle-même et non dans la gravure qui la reproduit, qui est en noir.

3° État. — La signature effacée ; état publié par la *Gazette des Beaux-Arts*, portant : *Coquille de Girasole montée en or émaillé (appartient à Mᵍʳ le Duc d'Aumale).* — *Félix Buhot sc.* — *Froment-Meurice fecit.* — *Gazette des Beaux-Arts.* — *Cadart, Imp. à Paris.*

23

VASE EN BRONZE

H. 0,223. — L. 0,160

Vase à panse et à piédouche, reposant sur un socle ; les anses sont figurées par des entrelacs de feuillage ; sur le milieu du vase, un motif, représentant sans doute quelque divinité japonaise, personnifiée par une femme vue en pied, la tête penchée à gauche et ayant près d'elle une sorte de lévrier blanc.

1ᵉʳ État. — Eau forte pure sans fond. Essai et remarques dans le coin à gauche de la planche.

2ᵉ État. — Le fond strié de larges hachures à la pointe sèche, recouvertes d'un nuage d'aquatinte ; aquatinte rugueuse sur les côtés du vase.

3ᵉ État. — Les remarques du coin sont effacées. Le vase, modelé avec des grains d'aquatinte de nuances variées. Le fond, plus transparent et plus riche de tons, donne l'idée de la mer par un temps d'orage. Signé à la pointe sèche : *Félix Buhot aqua forti.*

4° État. — Celui publié ; le cuivre coupé ne mesure plus que 0,220 sur 0,145. Au haut de la planche : *Exposition de MMᵉˢ Christofle*, et au bas : *Gazette des Beaux-Arts.* — *Grand vase décoratif en métal martelé.* — *Imp. Cadart Paris.* Sous le socle, à la pointe : *Félix Buhot aqua forti.*

24

BIBERON EN FAIENCE D'OIRON

H. 0,218. — L. 0,147

Vase à panse biberon, à piédouche, orné de mascarons en relief ; les deux anses latérales venant rejoindre une anse supérieure sur laquelle est un chien couché.

1'' État. — Eau forte pure.

2' État. — Pointe sèche dans les demi-teintes ; quelques épreuves d'artistes ont été faites avec le monogramme *gravé* ; les bords de la planche tout autour du sujet, couverts d'essais de pointe.

3' État. — Celui publié. Les marges nettoyées. Au bas : *Biberon en faïence d'Oiron.* — F. *Buhot del et sc.* — *Collection de M. Spitzer.* — *Gazette des Beaux-Arts.* — *Imp. Cadart, Paris.*

25

EMAIL DE JEAN PENICAUD II

H. 0,177. — L. 0,246

Assise à gauche, la Vierge, la tête ceinte d'une auréole, tient dans ses bras l'Enfant Jésus qu'elle présente aux Mages qui viennent l'adorer et lui apporter des présents. L'un d'eux, à droite, est agenouillé et baise le pied gauche du Sauveur ; un autre, à gauche, rentre derrière la Vierge en soulevant le rideau d'une porte. Au fond de l'estampe, on aperçoit un castel ; à gauche, sur la colline, un second castel, d'autres mages et un cheval profilant à gauche, tenu en mains par un jeune écuyer.

1'' État. — Trait légèrement mordu, avec de grands partis de pointe sèche non ébarbée dans les fonds et dans les fortes parties d'ombre. Remarques dans les marges, telles, par exemple, au bas du coin gauche, une tête d'homme de profil et dans la marge de droite, presque en haut, une tête coiffée d'un large chapeau. État dit *noir et blanc* sans valeurs grises. — Tiré à 3 épreuves.

2' État. — La planche recouverte d'aquatinte (à part le biseau du cadre resté blanc), où l'on distingue différents grains, quelques vives lumières réservées au pinceau. — État curieux, tiré à 5 ou 6 épreuves.

3° État. — Les noirs repris à la pointe ont plus de fermeté, et les reliefs de l'émail sont modelés au grattoir. Les remarques dans les marges ont été effacées, mais il règne autour du sujet un encadrement à la pointe. Dans la marge inférieure, le monogramme de l'artiste *gravé* en manière de crayon. — Quelques épreuves d'artiste de cet état, avant le tirage définitif.

4° État. — Celui publié. Le monogramme est effacé ; on lit : *L'Adoration des Mages (Grisaille attribuée à Jean Penicaud II).* — *Félix Buhot sc.* — *Email de la collection Spitzer.* — *Gazette des Beaux-Arts.* — *Imp. Cadart, Paris.* — Dans ce dernier état, la planche a été coupée et ne mesure plus que 0,218 sur 0,155.

Il existe de cette pièce quelques épreuves d'essai intermédiaires entre le 2e et le 3e État.

26

PREMIER ESSAI D'EAU FORTE

H. 0,158. — L. 0,120

Dans une même planche, divers motifs ; dans le haut du coin gauche, délimité par deux traits, un bouquet d'arbres et petit pâturage où on aperçoit deux vaches et leur gardienne. — Au dessous, également encadré par trois traits, des arbres dans une prairie inondée. — Dans le reste de la planche, rivière avec roseaux, bateau et ville à l'horizon et, occupant tout le haut du coin droit, tête de vieillard, une femme, un Méphisto avec sa mandoline, arbres et silhouette de château.

Épreuve unique, très légèrement lavée dans le bas ; actuellement dans la collection de Madame Buhot. — Planche perdue ou replanée.

27

MA PETITE VILLE (1re planche)

H. 0,120. — L. 0,159

Une rue à l'extrémité de laquelle on aperçoit une église ; à gauche, une vieille femme abritée sous son parapluie, s'avance vers la porte d'une maison. Au milieu de la rue, plusieurs personnages et un chien tourné vers la droite ; tout à fait à gauche, un réverbère ; en dedans du trait carré, on lit : *Après la pluie,* et au-dessus de cette inscription, à gauche de la niche dans laquelle est une statue de la Vierge, placée à l'angle de la maison : *F. B. 1872.*

1er État. — Eau forte pure.

2ᵉ État. — La planche aquatintée et reprise à la pointe sèche non ébarbée.

3ᵉ État. — Les barbes enlevées.

Nous avons vu une épreuve extraordinairement pittoresque, d'un grain extrêmement foncé, avec des réserves de lumière enlevées au pinceau dans le ciel et sur le terrain de la rue. — La planche est détruite ; c'était le deuxième essai d'eau forte de l'artiste.

28

MA PETITE VILLE (2ᵉ planche[1])

H. 0,120. — L. 0,154

La même que la précédente ; mais les ciels sont différents. Les deux inscriptions ont disparu ; on lit seulement, en bas, à gauche, au dessous du trait carré, très légèrement tracé à la pointe : *Félix B pinx^t sc^t.*

La planche est perdue ; deux épreuves, dont une actuellement dans la collection de Madame Buhot, ont été tirées de ce cuivre. La petite ville en question est Valognes, où naquit l'artiste.

29

LE COUVENT, AVENUE DE L'OBSERVATOIRE

H. 0,150. — L. 0,180

De grands arbres, à travers lesquels on aperçoit les murs d'un couvent ; à droite, des religieuses se promenant, et au fond, à gauche, assez difficile à distinguer, un groupe d'enfants et de religieuses.

____

1. Cette planche a été recommencée d'après la première.

1er Etat. — Eau forte pure, presque au trait, à l'exception des arbres, légèrement ombrés. — En dedans du trait carré, au bas, dans le coin droit : *Tohub.*

2e Etat. — Toute la planche reprise, ombrée et très poussée au noir.

Il a été tiré en tout 4 épreuves. — Planche replanée.

30

LA COUR DU COUVENT

H. 0,167. — L. 0,195.

Sur le premier plan, de grands arbres défeuillés ; au fond, le couvent, et à droite, des religieuses défilant en rang.

Tiré seulement à 4 épreuves. — Planche détruite.

31

PETIT BOULEVARD EXTÉRIEUR

H. 0,074. - L. 0,130

Le boulevard, avec ses maisons ; à droite et à gauche, quelques personnages, et au fond, un corbillard qui s'éloigne. Dans le bas du coin gauche, à l'envers : *Tohub.*

Eau forte pure, tirée à 3 ou 4 épreuves ; planche perdue ou effacée.

32

GARDEUSE D'ANES ASSISE

H. 0,200. — L. 0,150

A gauche, une vieille assise sur la Butte-aux-Cailles, face au spectateur, abritée sous un parapluie ; son chien près d'elle à droite, veille sur des ânes dans un terrain vague; l'un est couché. Au fond, d'autres ânes, un homme, un réverbère et quelques constructions en bois. Au bas, à gauche : *Tohub, 1873.*

Eau forte légèrement lavée tirée à 2 épreuves. — Planche perdue ou effacée.

33

GARDEUSE D'ANES MARCHANT

H. 0,143. — L. 0,110

Une vieille femme, abritée sous un parapluie et s'appuyant sur un long bâton, pousse un âne devant elle ; son chien la suit; au fond à droite, des constructions.

Eau forte pure, tirée à 4 épreuves. — Planche détruite ou effacée. C'est le troisième essai de l'artiste, fait en 1873.

34

UNE RUE A VALOGNES

H. 0,191. — L. 0,146

Dans une large rue, au fond de laquelle on aperçoit l'église, une vieille se promène, abritée sous son parapluie, tenant un chien en laisse, et suivie de nombreux autres. Au bas: *Tohub inv et sculp.*

Eau forte pure, tirée à 3 ou 4 épreuves. — Voir nᵒ 69. — Planche perdue.

35

LE COUVRE-FEU (1re planche)

H. 0,088. — L. 0,099

Une place traversée par une large voie, sur laquelle circulent quelques personnages ayant leur parapluie ouvert ; à droite, des arbres ; au fond, la ville et l'église avec son élégant clocher. Sous le trait carré, à gauche : *Tohub aqua forti 1872.*

Il a été tiré seulement 2 épreuves, la planche ayant été abandonnée. — Voir plus loin, n° 66.

36

FEUILLETS D'ALBUM. — SOUVENIR DU PAYS
DE MILLET

H. 0,218. — L. 0,267

Nombreux croquis disséminés sur toute la planche. Dans la partie gauche, une maisonnette, des arbres, des poules, une ânesse (Marie-Jeanne), chargée de son bât, sur le tout premier plan. — A droite, une femme et sa mule vue de dos, s'avançant sur une plage pour y récolter du goëmon ; deux ânes vus de dos, l'un chargé d'un bât. — Tout en haut de l'estampe, village au pied d'une colline, et entre ce village et les arbres situés en face, une femme et son âne chargé.

Eau forte pure ; épreuve probablement unique de tous ces sujets réunis sur le même cuivre. (Collection de Madame Buhot). — Cette planche, coupée plus tard, a servi à tirer les n°s 36 bis, 37, 56 et 57.

36 bis

PÊCHEURS DE VARECH

H. 0,060. — L. 0,104

Une femme, vue de dos, conduisant une mule chargée d'un bât, s'avance sur une plage à la récolte du goëmon ; à droite, un petit bateau, et au premier plan, quelques rochers.

Eau forte pure. — Planche perdue ou effacée.

37

CHEVAL ET MULE A LA MER

H. 0,079. — L. 0,105

Vus de dos, une mule à gauche, un cheval à droite, chargé de deux paniers, se dirigent vers la mer ; au premier plan, à droite, quelques grosses pierres, au fond, une voile.

Eau forte pure, dont quelques épreuves cependant ont été aquatintées. — Planche détruite.

38

ENVIRONS DE L'ANCIEN COLLÉGE ROLLIN

H. 0,268. — L. 0,218

Au fond de l'estampe, le collège Rollin (?) de hautes maisons, et des personnages assis sur une légère éminence de terrain ; au milieu de l'estampe, une femme vue de dos conduit son âne suivi de deux chiens. *(Ceci forme le n° 38 bis.)* — Nombreux croquis dans le reste de la planche, tels que chien caniche, femme accroupie, constructions et terrains vagues. — Trois enfants assis sur un tertre — et, tout à fait à gauche, entouré d'un trait, un jeune gosse debout et de face.

Ces deux derniers motifs serviront plus tard à former les n°s 63 et 60.

Eau forte pure, épreuve unique, sans doute, avec tous ces croquis réunis sur le même cuivre. (Collection de Madame Buhot).

38 ^bis

LES ANES DE SAINT-MÉDARD

H. 0,120. — L. 0,218

Cette planche n'est autre que le sujet principal décrit au commencement du n° 38 ; seulement la planche a, semble-t-il, été très vigoureusement remordue. A gauche, la signature : *Tohub.*

Cette planche, actuellement détruite, a paru dans Paris à l'eau forte.

39

PETIT PAYSAGE EN HAUTEUR

H. 0,008. — L. 0,63

Quelques arbres disséminés, devant lesquels s'étendent de vagues terrains ; deux personnages vus de dos qui s'éloignent ; la femme a une ombrelle et l'homme une canne. A gauche : *Tohub,* en dedans du trait carré.

Eau forte pure.

39 bis [1]

0,270. — 0,217

Sur une même planche quatre sujets d'eau forte pure, correspondant aux numéros 39, 43, 44 et 75 qui se trouvent décrits à leur numéro respectif, le cuivre ayant été ultérieurement rogné pour les en détacher.

Il n'existe probablement que 2 ou 3 épreuves avec ces quatre croquis sur la planche.

40

FEUILLES D'ANES DU MIDI

0,266. — 0,249

Sur une même planche, cinq sujets différents correspondant aux numéros 40, 40 *bis*, 59, 61 et 62 qui seront décrits à leur numéro respectif, après que le cuivre aura été rogné pour leur tirage.

Le n° 40 (*Les ânes du Midi*) étant sur ce cuivre, voici la description de cette pièce qui mesure : H. 0,126. — L. 0,179 :

Au fond, des montagnes au pied desquelles à droite un village, et sur le premier plan quatre ânes et leurs conductrices ; l'une est descendue, l'autre est encore assise sur sa monture ; en face de cette dernière le tronc d'un gros arbre.

1er *Etat.* — Eau forte pure ; dans le haut à gauche, *Les ânes du Midi* ; dans le bas à gauche, *Luchon, 1873*.

2e *Etat.* — Arbre et montagnes effacés ainsi que l'inscription : *les ânes du Midi*.

Il n'a été tiré que 4 épreuves de la planche avec les cinq croquis réunis.

1. Les sujets étant les uns en hauteur, les autres en largeur, nous ne pouvons assigner à la planche des dimensions plutôt dans un sens que dans l'autre ; aussi nous sommes-nous contenté de donner purement et simplement ces deux dimensions. — Même remarque pour le numéro 40.

40 bis

LES PETITS ANES DE LUCHON 1873

H. 0,088. — L. 0,094

Quatre ânes, dans l'allée d'Etigny sans doute, deux sont montés et tournent le dos ; en face, une lanterne de réverbère.

Publié dans Paris à l'eau forte. — *Planche détruite.*

41

LE PUITS DE LA BUTTE-AUX-CAILLES

H. 0,106. — L. 0,074

Un large ruisseau sur la rive droite duquel on aperçoit un âne et un homme, puis la butte s'étendant en montant, couverte de constructions. Au bas, à gauche, la lettre *T* en écriture anglaise.

1er Etat. — Eau forte pure, très peu ombrée.

2e Etat. — La planche reprise et fortement remordue.

Cette pièce a paru dans Paris à l'eau forte. — *Planche détruite.*

42

FORÊT

H. 0,074. — L. 0,130

Une entrée de forêt aux arbres très touffus. Signé à gauche : *Tohub.*

Cette planche est extrêmement mordue ; il y a des épreuves très noires et d'autres avec des échappées de lumière dans les arbres et sur le terrain ; a paru dans Paris à l'eau forte.

43

L'ÉTANG DE LA BIÈVRE

H. 0,078. — L. 0,068

Au premier plan, des roseaux et une roche ; plus loin à droite, un cheval venant boire sur le bord de l'étang, un réverbère au fond de l'estampe des constructions. Au bas à droite, en dedans du trait carré, dans un cercle, la lettre *T* en écriture anglaise.

1ᵉʳ *Etat.* — Eau forte pure.

2ᵉ *Etat.* — Très vigoureusement aquatintée.

Planche détruite.

44

LA PROMENADE

H. 0,093. — L. 0,115

Dans une étroite coulée, où murmure à gauche un ruisseau dont les bords sont plantés de grands arbres, un couple amoureux vu de dos se promène. Dans le bas du coin gauche un T à peine visible.

1ᵉʳ *Etat.* — Eau forte pure avec cependant un léger sentiment d'aquatinte dans le gros arbre de gauche.

2ᵉ *Etat.* — La planche remordue, le ciel repris, le gros arbre éclairé dans le haut, et enveloppe générale à la pointe sèche.

Il y a eu quelques épreuves tirées avec la planche complètement aquatintée; a paru dans Paris à l'eau forte. — *Planche détruite.*

45

COMMENT ON FAIT LE BEURRE

H. 0,179. — L. 0,130

Dans une cuisine, devant une grande cheminée à gauche, deux femmes en train de barrater : elles se font face; l'une, celle de droite, est montée sur un escabeau, près d'elle par terre deux pots et un plat rempli de lait dans lequel un chat est à boire; sous ce plat on lit : *Quellehou, 8ᵇʳᵉ 1872;* puis à gauche, dans l'estampe et dans un rond les lettres *F. B* à l'envers.

1ᵉʳ État. — Eau forte pure et presque au trait.

2ᵉ État. — Remordue et ombrée avec un léger grain d'aquatinte.

Planche détruite.

46

FEMME ASSISE SUR UN ROCHER [1]

H. 0,130. — L. 0,176

Assise sur des rochers au bord de la mer, de profil à droite et fixant l'horizon, une femme tient de la main droite appuyée sur ses jambes allongées, un livre entr'ouvert. Devant elle des filets sont étendus, soutenus par des piquets. En bas à gauche, en dedans du trait carré : *Louise Abbéma 1874;* à droite : *Félix B. sc.*

Planche perdue ou effacée.

1. D'après Louise Abbéma.

47

TERRAINS VAGUES A MONTMARTRE

H. 0,108. — L. 0,175

Terrains nus, à gauche légère éminence sur laquelle on voit des personnages et un haut réverbère, à droite un homme coiffé d'une casquette et presque de face, une diligence s'éloignant, des arbres et une clôture. En bas à gauche en dedans du trait carré : *G. Maincent Montmartre 74.* En dessous du trait carré à gauche et à la pointe : *Exposition de la Société des Amis des Arts Mars 1875.* Presque au milieu : *Imp C. Delâtre ;* et enfin à droite : *Félix Buhot sc.*

1er État. — Eau forte pure encore peu ombrée.

2e État. — Enveloppée à la pointe sèche, remordue et très estompée. Dans cet état on lit gravé : *Imp C. Delâtre.*

Cette estampe a été gravée d'après l'étude à l'huile de G. Maincent. — Nous signalerons ici comme mémoire La Femme adultère, d'après Véronèse, qui se trouve actuellement dans le portefeuille du vicomte A. de Grandsagne ; cette pièce manque à notre collection : nous ajouterons du reste que Buhot attachait une très mince importance aux quelques pièces qu'il avait gravées d'après divers.

48

CARTE D'ADRESSE DE M. HALPHEN

H. 0,045. — L. 0,064

Dans un cartouche rocaille, près duquel rampe un serpent et voltige une libellule sont gravées les initiales J. H.

Epreuve unique *dans la collection de Madame Buhot. — Planche perdue.*

49

PIERROT PENDU

H. 0,150. — L. 0,080

A une potence fixée sur une maison, profilant à droite, Pierrot pendu tirant la langue se balance tenant en main un livre ouvert sur les pages duquel on voit les deux lettres R. L. Sur les traverses de cette potence sont perchés des oiseaux, d'autres encore arrivent à tire d'ailes. Au fond de l'estampe, un pont, des monuments. Sur la façade de la maison où est fixée la potence on lit : *Paris à l'eau forte 8ᵉ année Tome ;* au bas de l'estampe dans un cartouche au-dessus duquel est assis à gauche un chat noir on lit :

A spice Pierrot pendu
Qui hunc librum n'a pas rendu
Si hunc librum reddidisset
Pierrot pendu non fuisset

Sous le cartouche en dedans du trait carré à gauche : *Félix B. sc ;* à droite : *1875.*

1ᵉʳ Etat. — Eau forte pure presque au trait ; on lit à peine les mots : *Paris à l'eau forte,* etc., etc...

2ᵉ Etat. — La planche remordue pour ombrer le chat, le pont et les monuments du fond de l'estampe. *Paris à l'eau forte,* etc., est devenu très apparent.

Planche détruite.

50

LE DIABLE IMPRIMEUR

H. 0,120. — L. 0,158

A gauche accroupi et grimaçant de trois quarts à droite, Satan tient perpendiculairement une planche de cuivre qu'il présente à une presse dont le volant à droite est mis en mouvement par une multitude de petits diablotins qui s'y suspendent. En bas à gauche en dedans du trait carré : *Félix Buhot 78.*

Cette planche qui est demeurée au premier état a été biffée.

51

EX LIBRIS DE LÉON LEREY

H. 0,114. — L. 0,188

Au fond de l'estampe une bibliothèque, sur le fronton de laquelle des Amours sont en train de poser une banderolle portant les mots : *Ex Libris ;* à gauche une galère et la silhouette d'un château fort. Sur le premier plan un livre de musique ouvert sur un pupitre et, disséminés çà et là, une loupe, une palette, un violon et un rouleau de papier sur lequel on lit : *Cæsaris Burcus.* Presque au milieu et au bas en dedans du trait carré : *A son ami Léon Lerey. Félix Buhot aquaforti.*

1ᵉʳ État. — Eau forte pure presque au trait, à l'exception de la partie droite qui est légèrement ombrée.

2ᵉ État. — La planche aquatintée.

C'est sur ce cuivre, dont la partie de droite seule a été employée, qu'a été gravé plus tard Le Château des Hiboux, (voir nº 168). A l'extérieur du trait carré, dans le haut à gauche on voit reproduit très légèrement à la pointe un des Amours qui soutient la banderolle de l'Ex Libris.

52

LE POISSON VOLANT

H. 0,138. — L. 0,067

Un Japonais debout, de profil à gauche et regardant de trois quarts ; au-dessus de sa tête un poisson volant, à droite et à gauche des inscriptions japonaises. A droite l'anagramme de l'artiste, *Tohub*, est écrit perpendiculairement faisant suite aux caractères japonais.

Un seul état très enveloppé et sans signature. Quelques épreuves tirées comme curiosités d'impression au brillant dans le centre et fortement retroussée au chiffon dans le ciel et le terrain. — Publié dans Paris à l'eau forte. *— Tirée sur zinc, planche perdue.*

53

CABINET DE LECTURE AU JAPON

H. 0,070. — L. 0,135

Quatre Japonais assis et devisant, deux tournent le dos ; à droite caractères japonais. En dedans du trait carré dans le coin gauche :
Tohub.

1er État. — Eau forte pure.

2e État. — Légèrement aquatintée.

Publié dans Paris à l'eau forte. *— Planche perdue. Tirée sur zinc.*

54

QUATRE ANONS DANS UN PRÉ

H. 0,109. — L. 0,216

Dans un pré trois ânes broutent de trois quarts à droite, un quatrième couché et tournant le dos tout à fait à gauche de l'estampe et au premier plan. A droite en dedans du trait carré on lit :
Tohub.

1er État. — Eau forte pure.

2ᵉ État. — Aquatintée.

Publié dans Paris à l'eau forte.

55

CROQUIS D'ANES

H. 0,270. — L. 0,248

Le bas de l'estampe n'est autre que la planche précédente, les quatre ânons ; seulement le paysage qui s'étend derrière eux est un peu plus indiqué. A droite de l'estampe et en montant, un jeune gamin de face vu à mi-corps et tenant de la main droite, par l'anneau du licol, un des deux ânes qui se profilent à gauche : puis formant la partie supérieure de la pièce, deux ânes debout et un couché, au fond des maisons ; enfin trois autres ânes couchés, deux tournant le dos, un de profil à gauche. En bas à droite en dedans du trait carré *Tohub.*

Cette planche a été coupée en deux pour faire les nᵒˢ 54 et 55 parus dans Paris à l'eau forte, ce dernier représentant la partie supérieure de l'estampe, n'a été tiré qu'à 8 épreuves avec tous les croquis réunis sur le même cuivre.

56

L'ANESSE MARIE-JEANNE

H 0,142. — L. 0,161

Au milieu de poules qui picorent devant une ferme, une ânesse chargée de son bât est tournée vers la droite, au fond une murette et des arbres. Au bas à gauche *Tohub ;* à droite *Landemer 1872.* — *Imp. Ch. Delâtre.*

57

L'ENTRÉE DE LANDEMER (Hague)

H. 0,074. — L. 0,184

Au premier plan, un âne et une femme gravissent une côte bordée à gauche par des arbres et à droite par de hautes collines au pied desquelles s'étagent quelques maisonnettes, des canards prennent leurs ébats dans une mare au bas à droite de l'estampe. Au haut de la côte une autre femme montée sur son âne.

1er État. — Eau forte pure et sans signature.

2e État. — La planche remordue et reprise à la pointe sèche pour l'ombrer, à gauche en bas très finement gravée : *Imp. Ch. Delâtre*, et à droite à la pointe sèche : *Tohub*.

Cette estampe qui a paru dans Paris à l'eau forte *est aussi quelquefois désignée sous la rubrique :* Route de Gréville (Manche).

58

CACOLETIÈRE ASSISE

H. 0,114. — L. 0,163

Assise sur un banc de face et à gauche les mains croisées sur ses genoux, une vieille femme attend, ayant son âne sellé près d'elle à droite. En bas en dedans du trait carré : *Félix Buhot.*

1er État. — Avant la planche coupée (dont nous ne pouvons donner les dimensions, le cuivre ne portant pas en entier sur l'épreuve que nous avons sous les yeux), à gauche de la femme, *F. B 1875* et un peu plus bas encore, *F. B.*

2e État. — La planche coupée, c'est-à-dire réduite aux dimensions mentionnées plus haut ; dans le haut du coin droit quelques traits de pointe.

Planche détruite.

59

L'ANE ET LA VIEILLE

H. 0,079. — L. 0,124

Une vieille femme, appuyée sur un bâton, s'avance de gauche à droite, s'efforçant de faire marcher son âne, qu'arrête un impérieux besoin, auquel du reste il donne satisfaction. En bas à droite en dedans du trait carré écrit à l'envers *Tohub*.

1er Etat. — Eau forte pure.

2e Etat. — Retouchée à la pointe sèche, tirée avec ses barbes et au lavis.

Planche biffée.

60

UN JEUNE VOYOU

H. 0,098. — L. 0,050

Un jeune garçon les deux mains dans ses poches debout et de face regarde par terre, la tête légèrement penchée en avant ; au bas à gauche la lettre T en écriture anglaise.

1er Etat. — Eau forte pure.

2e Etat. — Retouchée à la pointe sèche et aquatintée.

C'est ce gosse qui figurait sur le cuivre n° 38. — Planche détruite.

61

CACOLETIÈRE AU NUAGE BLANC

H. 0,010. — L. 0,098

Femme assise sur un âne regardant de face, l'âne tournant la tête vers la gauche ; au bas à gauche : *Tohub*.

1" Etat. — Eau forte pure.

2° Etat. — Aquatintée avec un grand *nuage blanc* s'étendant horizontalement derrière elle.

Planche détruite.

62

CACOLETIÈRE A LA TOUR

H. 0,087. — L. 0,094

Jeune fille assise sur un âne, la tête de celui-ci tournée à droite, à l'horizon une silhouette d'église ayant la forme d'une tour.

1" Etat. — Eau forte pure, sans signature.

2° Etat. — Aquatintée et dans le haut du coin gauche dans un cercle les initiales F. B.

Planche détruite.

63

CROQUIS D'ENFANTS

H. 0,105. — L. 0,137

Sur une butte trois enfants sont assis ; un jeune garçon coiffé d'une casquette en occupe le sommet, les autres, deux fillettes, cherchent à attraper des papillons, à droite maisonnette avec clôture.

1er Etat. — Eau forte pure.

2e Etat. — Touche d'aquatinte, effet gris.

3e Etat. — Aquatinte très foncée, lumières seulement dans les figures du jeune garçon et d'une des petites filles qui sont très éclairées.

4e Etat. — Retouche au grattoir et au burin (cet état n'a pas été imprimé).

Pièce sans signature. — Planche détruite.

64

COCHONS AU SOLEIL

H. 0,174. — L. 0,118

Un groupe de porcs couchés et debout ; sur le plus gros, celui du milieu qui est couché, un autre cochon appuie sa tête.

1er Etat. — Pointe sèche avec un très léger grain d'aquatinte, les cochons très sommairement esquissés ; dans le haut du coin droit dans un cercle les initiales *F. B.* Sur l'autre bout de la planche, mais en sens inverse, d'autres croquis de cochons à la pointe sèche *non ébarbée ;* ces croquis ne sont pas teintés.

2e Etat. — Les cochons repris et très modelés à la pointe ; la planche vigoureusement noyée d'aquatinte très foncée. Les croquis également lavés portent de vigoureuses attaques de roulette verticalement et horizontalement, les barbes ont été enlevées et on lit tracé à la pointe : *4 épreuves Félix Buhot*.

3ᵉ État. — Le cuivre est coupé et ne mesure plus que 0,005 sur 0,112.

Planche biffée.

65

EN PROVINCE. — LA MAISON D'ORLÉANS (Valognes)

H. 0,135. — L. 0,090

Au fond de l'estampe, une vieille maison ayant sur sa façade un jardin, dont on aperçoit les arbres derrière le mur qui le sépare de la rue ; à droite, vus de profils, deux piliers en maçonnerie et de grands arbres ; à gauche une vieille femme un parapluie à la main tourne le dos à la maison. Touchant le mur du jardin, trois personnages marchant de gauche à droite. En haut à gauche dans un cercle les initiales *F. B.*

1ʳ État. — Eau forte pure.

2ᵉ État. — Légèrement remordue pour accentuer les ombres. Il a été tiré quelques épreuves en bistre.

Planche détruite.

66

LE COUVRE-FEU

H. 0,080. — L. 0,100

La nuit, faiblement éclairée par la lune voilée de nuages, une large place où circulent quelques rares promeneurs abrités sous leur parapluie, l'un d'eux est muni d'une lanterne. Au fond église

et maisons. A droite un bouquet d'arbres. En dedans du trait carré
à gauche : *Tohub*.

1er État. — Eau forte pure.

2e État. — Très fortement aquatintée pour donner l'idée de la nuit. La lune très
brillante plaque le sol de ses clartés et la lanterne brille d'une lueur intense.

3e État. — La planche a été encore assombrie. Sous le milieu du trait carré le monogramme *gravé*; à gauche, *Le Couvre Feu (10 heures du soir)* et à droite, *Félix Buhot
Valognes*. Ces inscriptions se détachent dans une réserve blanche enlevée au
pinceau.

Cette pièce est la 2e planche, voir n° 35. — Planche biffée.

67

LE RÉVEILLON

H. 0.100. — L. 0,088

Dans une étroite rue de province, une jeune fille soigneusement
encapuchonnée tient de la main droite une lanterne allumée pro-
jetant de vives clartés. Elle est accompagnée d'une vieille femme,
qui la suit et s'abrite sous un parapluie ; près d'elle à droite un
caniche. Au fond de la ruelle, la silhouette d'une église d'où
reviennent probablement les deux femmes ; au bas de l'estampe en
dedans du trait carré : *Tohub 1872*.

1er État. — Eau forte pure. Un trait carré délimite la partie gravée en laissant un
centimètre tout autour des témoins.

2e État. — La planche a été remordue ; les témoins couverts par le martelage de
la roulette et la pointe sèche n'existent plus, et se confondent avec le reste de
l'estampe.

3e État. — La planche encore reprise, très enveloppée d'aquatinte, de pointe sèche
et de roulette, avec la lanterne violemment éclairée.

Le premier état a paru dans Paris à l'eau forte. *— Planche détruite.*

68

PLUIE ET PARAPLUIE

H. 0,118. — L. 0,080

Dans une rue déserte, suivie de chiens crottés, une vieille vue de dos s'éloigne, abritée par son parapluie, elle tient dans sa main droite une lanterne allumée qui éclaire sa route. Un réverbère est suspendu en travers de la rue, il pleut. En bas à droite en dedans du trait carré : *Buhot*.

1" Etat. — Eau forte pure. — 3 épreuves.

2e Etat. — Tous les fonds nourris à la pointe sèche pour les ombrer, la planche aquatintée ; la lanterne projette une vive lueur sur le mur à droite.

Cette estampe a paru dans un catalogue de Cadart. — Planche détruite.

69

LES NOCTAMBULES

H. 0,080. — L. 0.120

Une vieille, vue de dos, abritée par un parapluie délabré et appuyée sur un bâton s'avance lentement entourée d'une bande de chiens et de chats ; au fond on aperçoit la porte de son taudis. En bas à gauche en dedans du trait carré : *Buhot*.

1er Etat. — Eau forte pure très mordue.

2e Etat. — La planche remordue et très assombrie, l'estompage au chiffon a laissé comme un nuage de lavis sur le terrain.

Planche détruite qui rappelle beaucoup le n° 34 dont certainement l'artiste a dû s'inspirer.

70

LA RONDE DE NUIT

H. 0,130. — L. 0,141

Par une sombre nuit de tourmente et de pluie, à gauche un personnage vu de dos, à l'abri de son parapluie, s'avance péniblement luttant contre le vent, sa main droite tient une lanterne allumée qui lui sert à guider ses pas ; une femme assez éloignée à droite, vient à sa rencontre : à gauche un semblant de château à la toiture délabrée, au fond et à droite maisons, et arbres tordus sous le souffle de la bise. La lune plaque le sol de larges clartés. Dans le bas du coin gauche en dedans de l'estampe et presque illisible : *Félix Buhot 1878*. En haut à droite le monogramme *gravé*, à peine visible également.

1ᵉʳ État. — Eau forte et pointe sèche, la planche très claire n'indique point ici un effet de nuit. Derrière le personnage, sur le premier plan à gauche, quelques canards. Le nom de l'artiste, la date et le monogramme apparaissent très nets. — Une seule épreuve. *(Collection Madame Buhot).*

2ᵉ État. — La planche remordue répondant à l'état décrit. Les canards ont pour ainsi dire disparu sous les nouveaux travaux.

71

UNE MATINÉE D'AUTOMNE

H. 0,109. — L. 0,167

En lisière de bois s'étendant à droite, un chasseur le fusil en bandoulière suivi de son chien se dirige vers le soleil qui se lève à l'horizon. En bas à droite, au-dedans du trait carré des caractères illisibles et *75* (?) Dans le haut du coin droit le monogramme de l'artiste.

1er État. — Eau forte pure.

2e État. — Remordue ; la remorsure a produit un grain large et transparent, habilement rompu de touches lumineuses. Dans le fond à droite, accompagnement de pointe sèche légère.

Cette petite estampe très blonde dans les belles épreuves, est aussi quelquefois désignée sous le nom de : Le Chasseur matinal ; *il en a été tiré environ 35 épreuves. — Planche biffée en 1882.*

72

L'ANGÉLUS

H. 0,152 — L. 0,110

Dans une coulée solitaire, profondément encaissée et bordée d'arbres, trois personnages se dirigent vers une chapelle qu'on aperçoit sur la hauteur au fond de l'estampe. Au bas à droite le monogramme *gravé* de l'artiste.

1er État. — Eau forte, pure, légère et transparente (rappelant certains croquis de Corot.) —2 épreuves.

2e État. — Remordue ; dans le ciel et dans les terrains la remorsure adroitement dirigée a produit des effets d'aquatinte. Etat extrèmement coloré.

3e État. — Travaux ajoutés dans le ciel et dans les masses d'arbres ; cet état tiré très gras en noir bistre donne un effet de crépuscule.

Cette estampe est aussi connue sous le titre de : Le Crépuscule ; *le deuxième état a paru dans* Paris à l'eau forte. *— La planche biffée est en la possession du cataloguer.*

73

SPLEEN ET IDÉAL OU LE FIACRE AUX AMOURS

H. 0,161. — L. 0,087

Un fiacre au cocher soigneusement emmitouflé s'avance suivi

d'une légion d'Amours très sommairement esquissés. En bas à gauche en dedans du trait carré : *F. Buhot.*

1er État. — Eau forte pure très mordue, sans signature.

2e État. — Dans le blanc ménagé derrière le fiacre apparaissent des légions d'Amours. La signature *F. Buhot* dans le bas du coin gauche.

Nous avons sous les yeux, et ne la mentionnons que pour mémoire, une épreuve d'essai, unique sans doute, du 2e état avec marges semées de griffonnis, la plupart indéchiffrables, parmi lesquels cependant on peut avec peine entrevoir dans le haut du coin gauche un profil de femme, et en bas sous le milieu du trait carré une tête de hibou.

Planche perdue. — C'est, croyons-nous, sur le revers de ce cuivre qu'a été gravé le Réveillon.

74

LES ANES DE LA BUTTE AUX CAILLES

H. 0,070. — L. 0,115

Une femme assise à gauche, ayant à ses côtés son chien, s'abrite sous un parapluie, gardant ses ânes ; l'un pait, l'autre est couché. A gauche un réverbère. Au fond des constructions. En bas en dedans du trait carré, dans un cercle, le monogramme *gravé* de l'artiste.

Cette pièce qu'on appelle encore quelquefois Les Anes de la Bièvre, est une eau forte pure demeurée à un seul état. — Planche détruite.

75

LES CHIFFONNIERS

H. 0,049. — L. 0,083

Au pied d'une butte, trois enfants chiffonniers sont assis et couchés près de leurs hottes, un chien est derrière eux ; au fond de l'estampe un cheval, une maison et un réverbère à gauche. Dans le bas du coin gauche l'initiale *T* en écriture anglaise.

Un seul état, croyons-nous. — Planche détruite.

76

LES GARDIENS DU LOGIS
OU LES AMIS DU SALTIMBANQUE

H. 0,175. — L. 0,115

Sur le bord d'une route, une voiture de saltimbanques dételée, près d'elle un âne tournant le dos et à gauche deux chiens ; l'un couché, l'autre assis ; au fond à gauche un cheval paissant, et un clocher de village. Dans le bas du coin droit dans un cercle *F. B. A. Q.*

1ᵉʳ État. — Pointe sèche pure, directe d'après nature. Les deux chiens au premier plan, ainsi que la tête de l'âne et les arbres du fond chargés de barbes : quelques touches de lavis au pinceau sur le mur à droite et dans le fond à gauche. Sans signature.

2ᵉ État. — Travaux ajoutés dans le terrain, et la voiture du saltimbanque ; dans le fond apparaît un clocher de village et le cheval paissant. Les barbes sont enlevées sauf dans les accents les plus vigoureux ; des blancs d'une grande franchise, des gris délicats, obtenus à l'aide du brunissoir, du grattoir et de tailles à peine effleurées à la pointe sèche centralisent l'effet. Il a été tiré de cet état 4 à 5 *épreuves* avec la planche *non coupée*. Dans les autres épreuves tirées ultérieurement le cuivre a été rogné et ne mesure plus que 0,080 sur 0,115. Dans le coin du bas à droite en dedans de l'estampe dans un cercle : *F. B. A. Q.*

Cette planche est complètement inédite et n'a paru nulle part.

77

ENFANT ET OIES

H. 0,131. — L. 0,179

Sur une route, un bouledogue et un enfant muni d'un bâton, court en chassant devant lui à droite un troupeau d'oies.

1er État. — La planche tout entière recouverte d'un très léger nuage d'aquatinte ; l'enfant et le bouledogue indiqués à la pointe sèche, sous le grain apparaissent des attaques de roulette, une tête d'homme et les silhouettes de deux femmes, dont l'une, celle de droite, a les bras croisés. État extrêmement sommaire. — Tiré à 7 ou 8 épreuves.

2e État. — L'enfant plus modelé à la pointe sèche, ainsi que les oies qui apparaissent à droite, et les poteaux télégraphiques bordant la route à gauche. — Tiré à 4 épreuves.

C'est plutôt une planche en cours d'exécution qu'un cuivre terminé. La pièce ne porte pas de signature.

78

PLANCHE POUR LES MARGES DE SPLEEN ET IDÉAL

H. 0,220. — L. 0,150

Nous ne mentionnons que pour mémoire cette planche qui a été détruite avant d'être terminée et de laquelle il n'a été tiré que 2 épreuves absolument confuses et encore incompréhensibles vu le peu d'avancement de la planche.

79

LA MALGAIGNE [1]

H. 0,140. — L. 0,105

A droite, assise sur un talus qu'abritent de grands arbres, une vieille femme, une ample coiffe sur la tête, est ramassée sur elle-même et appuyée sur un bâton ; elle songe. Près d'elle un crapaud la regarde ; à sa droite une barrière rustique en avant de laquelle on aperçoit par terre une pie.

1er État. — Eau forte légèrement mordue, sauf dans le ciel rempli de crevés, et de grandes touches de pointe sèche dans les arbres. La tête de la femme et le haut du corps sommairement indiqués. — Tiré à 2 ou 3 épreuves.

1. Sujet tiré du *Prêtre Marié*, de Barbey d'Aurevilly.

2ᵉ État. — Modelé partout à la roulette, effet chaud et crépusculaire.

3ᵉ État (?) — Le fond à l'horizon et le côté éclairé de la figure sont enlevés au grattoir. Non terminé.

Cette pièce ne porte de signature dans aucun de ses états; elle est faite très largement et sabrée, si nous pouvons employer ce terme, pour exprimer l'extrême liberté d'allure qui a présidé au travail.

80

TÊTES DE BRETONS

H. 0,090. — L. 0,115

Un Breton coiffé de son chapeau, vu à mi-corps et de face, au second et au troisième plan trois têtes de Bretonnes et trois chevaux.

Croquis au vernis mou surchargé de ton à l'aquatinte. L'artiste semble s'être servi de ce cuivre pour essayer des grains différents. Une douzaine d'épreuves. Planche détruite.

81

LA FÊTE NATIONALE

H. 0,317. — L. 0,236

Sur le boulevard, dont on aperçoit seulement les maisons du côté gauche, des gamins portant des drapeaux et des lanternes vénitiennes au bout de longues perches longent le trottoir ; sur le milieu de la chaussée, voitures, municipal, et promeneurs. Sur la maison formant le fond de l'estampe on lit : *A la Place Clichy.* Nombreux croquis dans les marges tels que : fiacre en maraude, bouledogue, fillette vue de dos, tête de gosse coiffé d'un bonnet de police en papier, attaques de roulettes dans le bas du coin gauche, tête de chien, fillette avec sa poupée près du « cipal » interpellant un gavroche à la chevelure ébouriffée, croquis de têtes, et enfin dans le coin du haut à droite, la Butte avec un bâtiment sur lequel flottent des drapeaux.

Cette planche premier essai de composition pour : La Fête Nationale du 30 juin 1875 interrompue au 1er état a été détruite après 4 épreuves. — Voir n° 127.

82

ADRESSE DE SICHEL

H. 0,078. — L. 0,123

Potiche japonaise de laquelle sort une branche fleurie, un écran est placé derrière ; à gauche, des caractères japonais, à droite *Sichel rue Pigalle 11* et en dedans du trait carré : *Imp. Cadart Paris.*

1er État. — Eau forte pure, sans aucune lettre.

2e État. — La planche remordue avec le nom et l'adresse de Sichel.

3e État. — Le nom de l'imprimerie ajouté.

Cette pièce ne porte la signature de l'artiste dans aucun de ses états.

83

ADRESSE DE LABRIC

H. 0,064. — L. 0,088

En grosses lettres en haut à gauche : *Labric* et au-dessous de ce nom, caractères chinois et potiches. Au milieu de la pièce : *39 Boulevard des Capucines* ; à droite lanterne et un Chinois debout, vu de dos. En bas en dedans du double trait carré : *F. Buhot sc.*

Deux cuivres accolés horizontalement de mêmes dimensions que le précédent :

Dans celui de gauche ; un Chinois et une Chinoise entourés d'objets d'arts de leur nation. En bas en dedans du trait carré : *F¹ Buhot 76*.

Dans celui de droite ; vases, potiches, éléphant, brûle-parfum ; en second plan, les quais, la Seine, un pont, un bateau-mouche et tout en haut, dans la fumée du brûle-parfum : *Félix Buhot*.

Les trois pièces différentes que nous venons de décrire se trouvent sur le même cuivre.

84

MARCHE JAPONAISE

H. 0,290. — L. 0,200

Japonais à cheval à gauche, Japonaises, dragons, pagode, etc... Avec ce texte : *A Monsieur Bing. Marche Japonaise par Adolphe David. Au bas à gauche : Buhot Félix Del.*

Cette pièce, couverture d'un morceau de musique, a été obtenue par report sur zinc.

L'ENSORCELÉE[1]

85

LE PATRE

H. 0,173. — L. 0,115

A droite, sur une grosse pierre, près d'un large porche cintré comme l'arche d'un pont et qui donne entrée sur la cour du manoir,

[1] Roman de J. Barbey d'Aurevilly ; édition A. Lemerre, 1873. Six illustrations gravées en 1877.

le pâtre, revêtu de sa limousine, est assis appuyé sur un bâton, son chien noir attentif est près de lui. Le berger semble épier Jeanne Le Hardouey, qui arrive vers la gauche, s'apprêtant à l'interpeller.

1er État. — Les marges vierges de croquis. Eau forte pure, la planche claire, quelques parties très ombrées, telles que le vêtement de la femme, le chien, etc. Au bas à droite, dans le coin en dedans du trait carré : *F. Buhot*; puis au milieu, sous le trait carré très légèrement tracé à la pointe : *Félix Buhot inv sct*, et au bas du cuivre à droite : *Le Pâtre du Vieux Probytère* (sic) [1].

2e État. — Quelques essais de pointe dans la marge et au bas dans le coin gauche, esquisse de paysage, nuages et navire à l'horizon. La planche a été remordue avec reprise de travaux pour ombrer le ciel, les arbrisseaux qui grimpent le long du porche et le dessous de la voûte.

3e État. — Nouveaux croquetons dans les marges tels que à gauche l'apparition d'un profil d'homme et de vieille femme debout, appuyée sur un bâton et à droite très finement esquissé à la pointe, un groupe de diablotins, le paysage du bas a été agrandi. Remorsure de la planche avec enveloppe générale à la pointe sèche.

4e État. — La planche n'est pas encore coupée, mais les croquis des marges ont été effacés, ainsi que la rubrique, et il ne reste sous le milieu du trait carré que : *Félix Buhot inv sct*.

5e État. — Le cuivre rogné ne mesure plus que 0,123 sur 0,080 et on lit gravé au-dessus du trait carré dans le coin du haut à droite : *P. 122;* en bas à gauche : *F. Buhot inv et aquaf;* à droite : *Lemerre ed ;* et au milieu, à toucher le bord du cuivre : *Imp. A. Salmon.*

86

UN CHEMIN DE PERDITION

H. 0,170. — L. 0,114

La nuit, sous un ciel tourmenté, l'abbé de la Croix-Jugan, enveloppé d'un long manteau flottant, traverse la lande au grand galop de son cheval, revenant du marché de Créance; la lune inonde de ses clartés la portion de terrain que franchit le coursier, qui semble avoir le feu sous le ventre.

1er État. — Marges vierges de croquis, seulement quelques salissures de pointe. Eau forte pure, la planche claire, en dedans du trait carré en bas à gauche : *F*

---

1. Le mot se retrouve ainsi orthographié dans plusieurs endroits du texte.

Buhot ; en dehors et au milieu de ce trait : *Félix Buhot inv sc¹* et au bas du cuivre à la pointe : *Un chemin de perdition (p. 110).*

2° Etat. — Dans les marges, esquisse d'un tronc d'arbre à gauche, et d'un homme courant les bras étendus à droite. La planche remordue, nombreux travaux d'ombre surajoutés dans le ciel, la lande et la flaque d'eau à droite du cheval.

3° Etat. — Nouveau croquis dans le coin gauche du haut de la marge ; un ange tenant une épée. La planche terminée avec enveloppe générale à la pointe sèche.

4° et 5° Etat. — Mêmes remarques qu'à la pièce précédente, seulement *P. 128,* dans le dernier état.

87

ELLE VENAIT LENTEMENT...

H. 0,173. — L. 0,113

Jeanne Le Hardouey, vêtue de noir, se dirige lentement, la tête légèrement inclinée, vers la Clotte qui est assise à la porte de sa chaumière, son rouet près d'elle à sa gauche.

1ᵉʳ Etat. — Peu de croquis dans les marges ; une sorte de rinceaux, le profil de l'abbé de la Croix-Jugan debout la tête complètement couverte d'un capuchon et une autre tête de vieille femme avec une grande coiffe. La planche est très poussée, à ce point qu'elle peut être presque considérée comme terminée. Au milieu sous le trait carré : *Félix Buhot inv sc¹ :* et au bas du cuivre à gauche ; *Elle venait lentement la pauvre Jeanne p. 174.*

2° Etat. — Dans les marges, nouveaux rinceaux et arabesques, et au-dessus de la vieille femme une jeune femme au torse nu. La planche a été éclaircie, principalement dans le mur de la chaumière ainsi que sur le terrain qui s'étend entre Jeanne et la Clotte.

3° Etat. — Etat pour ainsi dire identique au précédent, on a seulement fait d'insignifiantes reprises à la pointe sèche pour réassombrir imperceptiblement le terrain et la coiffe de Jeanne Le Hardouey.

4° et 5° Etat. — Mêmes remarques qu'aux pièces précédentes, seulement *P. 202* dans le haut du coin droit au dernier état.

88

THOMAS LE HARDOUAY

H. 0,173. — L. 0,113

Sur la lande de Lessay, qu'éclaire un quartier de lune à gauche, Maître Le Hardouey chemine, monté sur sa forte jument, quand soudain dans un repli de terrain, presque en face de lui, apparaissent couchés à terre trois hommes de mauvaise mine, près desquels brille la lueur d'un feu mourant.

1ᵉʳ État. — Légers griffonis indéchiffrables dans la marge de gauche d'où cependant se détache assez distincte une tête d'âne. Eau forte pure, la planche assez claire, dans le bas du coin droit en dedans du trait carré : *F. Buhol;* en dehors et au milieu de ce trait à la pointe : *Félix Buhol inv sc*, et au bas du cuivre à gauche : *Thomas Le Hardouay* (sic) *(p. 191).*

2ᵉ État. — Nouveaux croquis ajoutés dans les marges tels que à gauche un buste de vieil homme les bras croisés, et à droite une vieille femme assise. La planche a été légèrement remordue pour de nouveaux mais peu importants travaux, portant principalement sur les jambes des hommes couchés à terre.

3ᵉ État. — Une nouvelle tête d'homme de face, apparaît dans le coin droit en haut de la marge. La planche entière mise au point par une enveloppe générale à la pointe sèche, ce qui accentue la vigueur du croissant qui brille à gauche.

4ᵉ et 5ᵉ État. — Mêmes remarques qu'aux pièces précédentes, seulement P. 222 dans le haut du coin droit, dans le dernier état.

89

LA VISION

H. 0,170. — L. 0,113

Près d'une vaste cheminée où se consume un immense brasier, sont assis l'abbé de la Croix-Jugan à gauche, et Jeanne Le Hardouey à droite. Devant le feu, le cœur embroché de Thomas Le Hardouey que les misérables sont en train de faire rôtir. Dans l'en-

volée des flammes une multitude de petits diablotins et une énorme
tête de démon.

1ᵉʳ Etat. — Dans la marge du bas, très légèrement indiqués à la pointe, des canards
et des poules, et dans le coin droit l'esquisse d'une femme agenouillée. Tout l'intérieur de la cheminée et le reflet sur le parquet, très clair. Au milieu sous le trait
carré : *Félix Buhot inv sc.* Au bas du cuivre dans le coin droit : *La Vision (p. 197).*

2ᵉ Etat. — Canards et poules ont disparu pour faire place à d'autres croquis
esquissés vigoureusement à la pointe sèche non ébarbée tels que : brûle-parfum à
trois pieds fumant, être fantastique aux ailes déployées de démon dans le haut du
coin gauche, et occupant presque toute la marge supérieure un homme vu à mi-
corps penché en avant et tenant en main des ficelles à l'extrémité desquelles danse
une tête de démon, au-dessous de laquelle on distingue un moine revêtu d'une cagoule
ayant une femme à ses genoux. La planche reprise, notamment dans l'envolée des
flammes de la cheminée, et dans Jeanne Le Hardouey dont la physionomie a été
changée par suite de travaux ajoutés.

3ᵉ Etat. — La figure de Jeanne le Hardouey a encore été retravaillée et d'une
telle façon qu'elle a maintenant l'aspect presque masculin ; la pose de la jambe
droite est aussi complètement modifiée, elle n'est plus portée en avant et appuyée
sur la pierre du foyer, mais bien ramenée le long de la chaise. Les marges sans
changement.

4ᵉ et 5ᵉ Etat. — Mêmes remarques qu'aux pièces précédentes, seulement P. 230 dans
le haut du coin droit au dernier état.

90

L'ENTERREMENT

H. 0,173. — L. 0,113

Dans un cimetière rempli d'une foule nombreuse, un prêtre récite
les dernières prières devant le cercueil de Jeanne Le Hardouey,
au moment où on va le descendre dans la fosse ; assise à gauche
et appuyée sur son bâton, La Clotte. Au fond à gauche, l'église.

1ᵉʳ Etat. — Très insignifiants croquetons d'Amours dans les marges. Eau forte
pure, déjà très avancée ; au bas à droite en dedans du trait carré : *F. Buhot;* au bas
du cuivre à gauche: *Enterrement de Jeanne Madeleine (p. 235).*

2ᵉ Etat. — Les Amours sont plus nombreux et l'on a ajouté un homme à cheval
dans le coin gauche en bas de la marge. La planche reprise et remordue avec
accentuation des noirs, notamment dans le clocher, le prêtre et La Clotte.

3e État. — Ajouté aux marges dans le coin du bas à droite, un griffonis de femme tendant les bras. La planche complètement enveloppée à la pointe sèche, principalement dans la foule, l'église et les arbres qui sont aux derniers plans.

4 et 5e État. — Mêmes remarques qu'aux pièces précédentes, seulement au coin droit du haut *P. 274* au dernier état.

Les premiers états *de toutes ces illustrations sont d'une* insigne rareté. *Les marges de ces pièces ont été biffées le 23 juillet 1877, comme en font foi les épreuves qui sont aux mains de Madame Bahot et qui portent nerveusement et brutalement tracée à l'envers et à la pointe sèche la susdite date avec la signature de l'artiste. Il n'a été tiré de ces 6 pièces que 12 suites avec les marges illustrées ou épisodiques.*

LE CHEVALIER
DESTOUCHES[1]

91

LE BRUIT DE DEUX SABOTS TRAINANT...

H. 0,172. — L. 0,113

La nuit par une pluie battante, la soutane relevée, un parapluie d'une main, une lanterne allumée de l'autre, l'abbé de Percy vu de dos traverse la place de Valognes, quand soudain surgit, à gauche au pied du calvaire, un personnage inattendu, le Chevalier Destouches, qui les bras levés au ciel semble se diriger vers lui.

1er État. — Dans les marges, indiqués au simple trait : réverbère, chiens, dont l'un, celui de gauche, se livre à un léger besoin, bouledogue, lanterne et parapluie accrochés ensemble à un clou ; au bas du cuivre à gauche : *Le bruit de deux sabots trainant p. 1.* Eau forte pure : le ciel, le Christ du calvaire, le derrière de la tête de l'abbé sont encore peu ombrés.

2e État. — On a ajouté à la marge de gauche deux femmes ; une jeune ayant une lanterne, suivie d'une vieille qui tient un parapluie ; dans celle du haut des personnages avec des parapluies ouverts luttant contre le vent. Les parties telles que le ciel, etc., indiquées peu ombrées au premier état le sont ici davantage. Un coup de tortillon a rendu la lanterne encore plus lumineuse.

1. Roman de J. Barbey d'Aurevilly ; édition A. Lemerre, 1879. Cinq illustrations gravées en 1878.

3ᵉ Etat. — Toutes les marges enveloppées à la pointe sèche et très particulièrement les personnages armés de parapluies qui ne luttent plus seulement contre le
vent, mais contre la pluie qui tombe à torrents. La planche a encore été assombrie
et calvaire, église, et les deux personnages se détachent avec plus de relief dans la
nuit noire.

4ᵉ Etat. — Les marges ont disparu, le cuivre rogné ne mesure plus que 0,129 sur
0,083 et l'estampe est *avant toutes lettres.*

5ᵉ Etat. — Même remarque qu'à l'état précédent, seulement on lit gravé au-dessus
du trait carré dans le haut du coin à droite : *P. 5.* ; en bas à gauche : *F. Buhot inv
et aquaf*; à droite : *Lemerre édit* ; et au milieu à toucher le bord du cuivre : *Imp A.
Salmon.*

92

LE SOIR MÊME ¹...

H. 0,113. — L. 0,172

A droite, l'entrée du château de Touffedelys, auquel on accède
par un pont à deux arches sur lequel se pressent de nombreux personnages diversement déguisés.

1ᵉʳ Etat. — Dans les marges, très légèrement indiqués au trait: un ange soufflant
dans une longue trompette, écusson à trois fleurs de lys, croquis d'enfants, garde-
française à cheval vu de dos ; au milieu, sous le trait carré : *Félix Buhot inv sc¹* et
au bas du cuivre à gauche : *Le soir même, à la tombée, nous vîmes arriver, sous des
déguisements divers... une grande quantité de nos gens.* Eau forte pure, encore peu
avancée dans le ciel, les personnages, le pont, etc.

2ᵉ Etat. — Nouveaux croquis dans les marges, notamment deux garde-françaises
se saluant dans le coin gauche, et dans le coin droit une femme nue couchée et
appuyée sur une urne. Reprise de travaux d'ombre dans le ciel, le pont, etc...

3ᵉ Etat. — Dans la marge près de la femme couchée, on a ajouté des grenouilles.
La pointe sèche est revenue accentuer encore les noirs du pont et des personnages.

4ᵉ et 5ᵉ Etat. — Mêmes remarques qu'à la pièce précédente, seulement *P. 98* dans
le coin du haut à droite au dernier état.

---

¹ Cette pièce est en travers

93

A CETTE LUEUR SOUDAINE...

H. 0,173. — L. 0,114

Au fond on aperçoit la prison d'Avranches, avec ses deux tours
rondes incendiées laissant échapper des nuages de fumée et de feu,
dont la sinistre clarté affole bêtes et gens qui se trouvent sur le
champ de foire, les faisant se ruer les uns sur les autres dans une
formidable poussée.

1er État. — Les marges sont blanches, à part dans le bas du coin gauche l'esquisse au trait d'un paysan tombé en avant, son bâton dans la main gauche. Au
milieu du trait carré : *Félix Buhot inv et sc*, et au bas du cuivre à gauche : *A cette
lueur soudaine un frisson de Terreur... p. 168.* L'eau forte pure. Certaines parties
ne sont encore qu'indiquées au trait pour ainsi dire, tels la foule, la fumée et le
tambour placé derrière le bœuf.

2e État. — Croquis nouveaux aux marges ; torses d'hommes nus, têtes de chevaux, tête de garde-française dans celle de droite. La planche remordue est plus
ombrée dans le ciel et dans la foule des personnages du pied des tours, le tambour, etc...

3e État. — Quelques griffonis dans les marges du coin gauche qui n'existaient
pas à l'état précédent, ainsi que la silhouette d'une sorte de casque de pompier au-
dessus du garde-française. Le clocheton noir surmonté d'un drapeau qui se trouve
à gauche entre les deux tours, est légèrement effacé, par suite de l'intensité donnée
à la fumée qui l'enveloppe.

4e et 5e État. — Mêmes remarques qu'aux pièces précédentes, seulement *P. 142*
dans le haut du coin à droite au dernier état.

94

JE FIS CE QU'ON APPELLE UN BON MARCHÉ

H. 0,172. — L. 0,113

Sur la place du marché couverte de nombreuses tentes et bou-
tiques, Mademoiselle de Percy, montée sur son âne, s'avance tran-

quillement, un chien la précède. Au fond on aperçoit le derrière d'une église.

1ᵉʳ Etat. — Marges vierges de croquis. Eau forte pure. La planche claire presque au trait, à part quelques ombres portées de ci de là. Au milieu et sous le trait carré : *Félix Buhot inv scᵗ*, et au bas du cuivre à gauche : *Je fis ce qu'on appelle un bon marché.*

2ᵉ Etat. — Les croquis apparaissent dans les marges, parmi ceux-ci on remarque dans la marge de gauche un groupe de trois personnes, dont un jeune seigneur coiffé d'un tricorne qui semble prendre la taille à une jeune femme. Importants travaux de pointe sèche dans l'église, les murs des maisons, et l'enseigne suspendue à une potence à droite.

3ᵉ Etat. — La planche est encore plus poussée, et aux griffonis des marges vient s'ajouter à droite celui d'une vieille femme assise et ayant près d'elle une cruche et des poulets.

4ᵉ et 5ᵉ Etat. — Mêmes remarques qu'aux pièces précédentes, seulement P. 150 dans le coin du haut à droite au dernier état.

95

ON ALLUME LES CIERGES...

H. 0,172. — L. 0,113

A droite de l'estampe, le Moulin Bleu à l'aile duquel est attaché pantelant le meunier ; à gauche, demi voilée, apparaît la lune qui éclaire cette scène funèbre.

1ᵉʳ Etat. — Les marges très légèrement teintées, mais vierges de croquis, à l'exception cependant du coin gauche du haut où se trouve esquissé un hibou sur une branche. Au milieu et sous le trait carré : *Félix Buhot inv sc* et au bas du cuivre à gauche : *On allume les cierges pour les Morts. p. 255.* Eau forte pure ; la planche encore peu mordue.

2ᵉ Etat. — Dans les marges, ajoutés : masque de démon, deux têtes de femmes, un homme marchant à gauche. Reprise très vigoureuse de la planche pour ombrer le moulin les ailes, et éclairer le ciel ainsi que les parties de terrain qu'argente la lune.

3ᵉ Etat. — Les marges sont absolument couvertes de croquis, la tête du démon est pour ainsi dire effacée, des diablotins dansent une sarabande échevelée et dans la marge de droite on voit un écusson fleurdelysé où se lit *par ordre du Roy.* L'homme marchant à gauche, lève maintenant le bras armé d'un bâton. Le motif principal est sans changement.

2 et *3* *État*. — Mêmes remarques qu'aux pièces précédentes, seulement dans le coin droit au-dessus du trait carré *P. 212* au dernier état.

Il existe du Chevalier Destouches, dans la collection de Madame Buhot, une suite unique de ces cinq pièces en 2ᵉ état avec les barbes. Il n'a été tiré de ces illustrations que 12 suites avec les marges épisodiques. Il y a eu aussi quelques suites avant toutes lettres imprimées en sanguine.

LE DIABLE AMOUREUX
DE CAZOTTE [1]

96

1ʳᵉ VIGNETTE

H. 0,050. — L. 0,070

Une femme nue, Biondetta sans doute, que Satan aux ailes déployées cherche à saisir ; en face d'elle un personnage, Don Alvare, vu à mi-corps tenant en main une sorte de javelot. Au bas et en dedans de l'estampe : *Félix Buhot inv.*

1ᵉʳ État. — Eau forte pure.

2ᵉ État. — Ombrée à la pointe sèche.

97

2ᵉ VIGNETTE

H. 0,050. — L. 0,070

A droite, un cartouche surmonté d'un casque timbré d'une couronne, sous le casque les mots *in soil ;* au fond de l'estampe un

1. Édition Quantin, 1878.

château fort, sur le premier plan une femme nue, Sibille de Primrose,
à cheval sur un dauphin, étend les bras vers un navire qui émerge
d'un soleil levant.

1er État. — Eau forte pure.

2e État. — Planche ombrée : à gauche sur le cartouche on lit le monogramme :
A. Q. Ed. et au-dessous *Fx Buhot del sc.*

Cette seconde vignette sert d'en-tête de page à la nouvelle intitulée : L'honneur perdu et recouvré en partie, et revanche ou rien de fait. Nouvelle héroïque.

98

3e VIGNETTE

H. 0,050. — L. 0,070

La scène se passe en 1788. Un grand seigneur (Cazotte) est à
table, entouré d'une nombreuse société ; il vient de se lever pour
prendre la parole, et étend le bras droit vers une charrette qui conduit un prisonnier à l'échafaud, que l'on aperçoit au fond de l'estampe. Dans le bas du coin gauche : *Félix Buhot inv.*

1er État. — Eau forte pure.

2e État. — Très enveloppé et repris à la pointe sèche.

Cette troisième et dernière vignette sert d'en tête de page à la nouvelle intitulée : La Prophétie de Cazotte inventée par La Harpe.

UNE VIEILLE MAITRESSE [1]

99

UN THÉ DE DOUAIRIÈRES

H. 0,173. — L. 0,113

Le soir dans un riche boudoir, près d'une cheminée sur laquelle

1. Roman de J. Barbey d'Aurevilly, deux volumes édition de A. Lemerre, 1874. Suite de 10 illustrations gravées en 1874.

est une lampe allumée deux femmes âgées sont assises : à gauche la vieille marquise de Flers, à droite madame d'Artelles ; debout, de profil à droite, Hermangarde se tient près d'un guéridon sur lequel est posée une théière fumante.

1ᵉʳ Etat. — Les marges vierges de croquis [1].

2ᵉ Etat. — Nombreux croquis dans les marges ; silhouettes d'hommes à peine indiquées par quelques traits. Ainsi que des Amours, homme à cheval caracolant près d'une voiture, petites femmes, hommes de face coiffé d'un chapeau à haute forme aux bords fortement cambrés, et enfin au bas du coin droit un Amour tenant une brassée de fleurs. Au milieu sous le trait carré : *Félix Buhot inv sc ;* au bas du cuivre à gauche : *Un Thé de Douairières.* Les travaux des rideaux du lit et des boiseries encore peu avancés.

3ᵉ Etat. — Nombreux changements de croquis dans les marges, les silhouettes d'hommes à gauche ont disparu pour faire place à une chimère, un serpent, un grand Amour : au dessous de l'homme au chapeau à bords cambrés une femme nue ; dans la marge du bas, une jeune fille s'appuyant la tête sur ses deux mains jointes. La marge du bas et celle de gauche très vigoureusement aquatintées. Reprise de travaux dans les fonds et le paravent pour donner ainsi plus d'éclairage aux deux femmes de gauche et à l'intérieur de la cheminée.

4ᵉ Etat. — Les croquis ont disparu, mais la planche n'a pas été rognée : *Un Thé de Douairières* a été effacé, mais : *Félix Buhot inv sc* subsiste au milieu du trait carré.

5ᵉ Etat. — La planche a été coupée et ne mesure plus que 0,126 sur 0.084 au-dessus du trait carré dans le haut à droite : *T. I. P. 17.* En bas sous ce trait à gauche : *F. Buhot inv et aquaf ;* à droite : *Lemerre éd.* et au milieu du bas du cuivre : *Imp. A. Salmon.*

100

I PROMESSI SPOSI

H. 0,173. — L. 0,113

Une nuit de bal chez la duchesse de Valbreuse, réunion nombreuse ; à droite au premier plan deux jeunes femmes assises sur un canapé et vues de dos, causent ensemble ; au milieu du salon, M. de

---

1. Il n'existe *qu'une seule collection complète* des premiers états, et elle se trouve actuellement dans le riche portefeuille de M. S.-P. Avery, de New-York. Ne possédant donc que quelques-unes de ces pièces en cet état, nous nous contenterons de rappeler que leur *caractéristique* est de n'avoir *aucun croquis* dans les marges et que ce sont des eaux fortes pures.

Marigny de profil à droite fait son entrée, tenant son chapeau dans la main droite.

1er État. — Les marges absolument vierges de croquis.

2e État. — Dans les marges : femmes nues indiquées au trait, l'une d'elles porte des bas avec jarretières et sur la hanche droite un écusson timbré d'une couronne : un homme coiffé d'un chapeau à haute forme est couché sur le dos, le bras droit étendu, sur sa cuisse un oiseau vient de s'abattre ; un encrier portant l'inscription *encre double.* Dans cet état, la jeune femme vue de dos, qui au bras de son cavalier passe dans le salon voisin, est très claire ainsi que tout le groupe de jeunes femmes qui se trouvent à droite de l'estampe. Sous le milieu du trait carré on lit : *Félix Buhot inv sc* ; et dans le coin gauche du bas de cuivre : *I promessi Sposi (Tome I).*

3e État. — La marge du bas qui était vierge, porte maintenant d'autres croquis de femmes et une couronne de duc, derrière l'oiseau posé sur la cuisse du personnage couché apparaît une étoile ; les marges sont très légèrement lavées et enveloppées de pointe sèche. La planche remordue et vigoureusement reprise à la pointe sèche dans son ensemble, notamment dans tous les personnages de droite, et le dos et la tête des deux femmes du tout premier plan, qui demi-tournées causent entre elles sur le canapé.

4e et 5e État. — Mêmes remarques qu'à la pièce précédente, seulement au dernier état en haut dans le coin droit au-dessus du trait carré : *T. I. P. 54.*

101

LES ADIEUX

H. 0,173. — L. 0,113

Dans une chambre, qu'éclaire vivement le feu brillant d'une cheminée à gauche, M. de Marigny, tête nue, le manteau sur l'épaule, tient dans ses bras La Vellini évanouie, une peau de tigre est à leurs pieds ; à droite on aperçoit le profil d'une haute glace psyché, penchée en avant et ornée d'une applique à deux branches portant deux bougies allumées.

1er État. — Marges vierges de croquis.

2e État. — Nombreux croquis dans les marges, dont les plus saillants sont : une jeune femme nue à cheval sur une chenille, une autre couchée sur le dos d'une panthère qu'elle serre dans ses bras, une troisième renversée et s'appuyant sur le coude gauche, et tout en haut du coin droit une femme nue, les cheveux dénoués, repousse vigoureusement en essayant de se dérober un homme qui cherche à l'embrasser.

La planche quoique très avancée n'est pas encore complètement ombrée dans certaines parties, telles que les murs et le parquet. Sous le trait carré au milieu on lit : *Félix Buhot inv sc.* et au bas du cuivre à gauche : *Les Adieux* (p. 77) tome 1.

3 État. — Un grain léger répandu sur toutes les marges avec attaques de roulette. Reprise de la planche à la pointe sèche, notamment dans les vêtements de l'homme, de la femme et de la psyché afin de les amener à l'intensité des noirs cherchés.

4e et 5e État. — Mêmes remarques qu'aux pièces précédentes, seulement au dernier état *T. I. P. 87* au-dessus du trait carré en haut à droite.

102

UNE VARIÉTÉ DANS L'AMOUR

H. 0,173. — L. 0,113

Le soir, dans une petite pièce voisine d'une salle de jeu, que masque une portière à demi-soulevée, M. de Marigny debout et de face, se tient légèrement penché vers Madame Annesley, qui en toilette de bal et étendue sur un canapé, fume négligemment un cigare. Un lévrier est couché à ses pieds.

1er État. — Les marges sans aucun croquis.

2e État. — Croquis dans les marges tels que : bouilloire à thé, carafe, lion héraldique, oiseaux, chimère, lampe avec globe, plantes, traces de roulette ; au milieu sous le trait carré : *Félix Buhot inv sc* ; au bas du cuivre à gauche : *Une Variété dans l'Amour* (p. 127). La figure de Marigny et sa cravate sont encore blanches et la jupe peu ombrée.

3 État. — Mêmes croquis, mais enveloppés d'un très léger lavis d'aquatinte. Reprise de travaux de pointe sèche, particulièrement dans les parties signalées blanches à l'état précédent, et estompage général de la planche par le chiffon.

4e et 5e État. — Mêmes remarques qu'aux pièces précédentes seulement au dernier état au-dessus du trait carré en haut à droite : *T. I. P. 147.*

103

CARAMBA, FIT-ELLE !

H. 0,173 — L. 0,113

Dans un chemin bordé de hauts peupliers à gauche, madame Annesley montée sur un cheval blanc se dirigeant vers la gauche, rencontre M. de Marigny qui, surpris, arrête brusquement sa monture en saluant respectueusement le chapeau très bas.

1er État. — Sans croquis dans les marges.

2e État. — Dans les marges; deux lions, cheval galopant, large tache de grain en haut et à droite, silhouette d'homme, à peine visible tant elle est légèrement tracée dans le coin gauche du bas. Le ciel est presque blanc et les arbres seulement indiqués au trait. Au milieu sous le trait carré : *Félix Buhot inv sc ;* au bas du cuivre à gauche : *Caramba ! fit-elle (142).*

3e État. — Dans les marges très superficiellement lavées d'aquatinte dans certaines parties, silhouette d'homme debout en chapeau à haute forme, la main droite passée derrière le dos tient un pistolet, la lune perce les nuages, un cheval galopant, croquis de lion, etc... Toute la planche reprise, ombrée et noyée d'un lavis extrêmement léger, et estompée au chiffon.

4e et 5e État. — Mêmes remarques qu'aux pièces précédentes, seulement au dernier état en haut au-dessus du trait carré à droite on lit : *T. I. P. 164.*

104

LE CRIARD

H. 0,173. — L. 0,113

Sur la grève où déferlent les vagues, un homme se sauve en courant et en se bouchant les oreilles pour ne pas entendre *le criard,* être fantastique aux ailes de démon qu'on aperçoit dans les airs monté sur un cheval noir. Un arc-en-ciel à gauche et un navire à droite complètent cette scène d'un lugubre et saisissant aspect.

1er État. — Sans croquis dans les marges.

2e État. — Dans les marges; vieille femme debout vue de dos et appuyée sur un long bâton, bateau à la poupe duquel une femme se tient également debout, femme nue sur un cheval, femme sirène ; à gauche un oiseau à bec fantastique, goëlands, arbres, silhouette de bateaux, femme près d'un panier dans le bas du coin à droite. Sous le milieu du trait carré : *Félix Buhot inv sc ;* au bas du centre à gauche : *Le Criard (101).* La planche est au point et terminée.

3e État. — Toutes les marges noyées d'aquatinte avec reprise des sujets à la pointe sèche. La planche sans changement mais moins encrée.

4e et 5e État. — Mêmes remarques qu'aux pièces précédentes, seulement au dernier état au haut du trait carré à droite : *T. II. P. 117.*

105

LA BLANCHE CAROLINE

H. 0,173 — L. 0,113

La terre est couverte de neige, il fait nuit, la lune éclaire brillamment la partie de terrain s'étendant au bas des marches du perron d'un sombre manoir, d'où descend la blanche Caroline qui, vêtue de blanc et les yeux hagards, apparaît inondée de clarté. Au fond de l'estampe, la silhouette un peu indécise d'un vieux pêcheur portant ses filets.

1er État. — Les marges vierges de tous croquis.

2e État. — Dans les marges; à peine indiqués au trait, grenouille, libellule, silhouette de personnage, deux oiseaux, et enfin dans le bas du coin droit un vieillard marchant appuyé sur des béquilles. Sous le milieu du trait carré : *Félix Buhot imp sc*; au bas du cuivre à gauche : *La Blanche Caroline (Tome 2).* La planche à l'eau forte peu avancée.

3e État. — Les sujets des marges plus accusés sont ombrés à la pointe sèche et le tout est enveloppé d'un léger lavis. Le manoir et le ciel très poussés au noir, la planche très enveloppée et très noyée par le chiffon et le grain d'aquatinte avec tous les blancs vigoureusement enlevés au grattoir dans les parties lumineuses, telles que le haut du corps de Caroline, le terrain et la partie gauche du perron.

4e et 5e État. — Mêmes remarques qu'aux pièces précédentes, seulement au dernier état en haut à droite au-dessus du trait carré : *T. II. P. 167.*

106

RYNO ET HERMANGARDE

H. 0,173. — L. 0,113

Sur un cheval noir qui l'emporte vers la gauche, M. de Marigny tient amoureusement par la taille Hermangarde qu'il a assise sur le devant de sa selle. Au milieu des nuages noirs chassés par le vent, on aperçoit un vol d'oiseaux.

1er État. — Marge vierge de croquis, mais portant quelques taches de grains.

2e État (?) — L'état que nous avons sous les yeux indiqué 2e par l'artiste, a encore les marges vierges de croquis, et présente quelques taches de lavis. La planche est remordue et le cavalier, le ciel et le cheval fortement ombrés. Sous le milieu du trait carré : *Félix Buhot inv sc*, et au bas du cuivre à gauche : *Ryno et Hermangarde p. 158. Tome II.*

3e État. — Les croquis noyés d'aquatinte apparaissent dans les marges, une femme sirène, des goëlands, des mouchetures d'acide, la proue d'un navire au-dessus duquel volent quatre oiseaux. Dans la planche quelques insignifiants travaux complémentaires dans la robe d'Hermangarde et dans le ciel pour l'éclairer.

4e et 5e État. — Mêmes remarques qu'aux pièces précédentes, seulement au dernier état au-dessus du trait carré dans le haut du coin droit : *T. II. P. 184.*

107

LE BAS-HAMET

H. 0,173. — L. 0,113

Par un triste temps de neige, au milieu d'une rue déserte de village, on voit errer Hermangarde qui se lamente ; au fond de l'estampe, près d'une maisonnette à la fenêtre de laquelle brille une lueur, on aperçoit le cheval de Ryno.

1er État. — Marges vierges de croquis.

2e État. — Croquis dans les marges à la pointe sèche non ébarbée, tels que : esquisse d'un cavalier emporté au plein galop de sa monture, femme nue qui résiste et qu'un démon cherche à entraîner en la prenant par les bras, femme s'abritant sous un parapluie, griffonis, homme et femme cherchant à se saisir, et enfin dans le coin du bas à droite, au milieu de griffonis, une tête de femme tournée à droite. Sous le milieu du trait carré : *Félix Buhot inv sc*, et au bas du cuivre à gauche : *Le Bas-Hamet (p. 201).* La planche très légèrement grainée dans le ciel et les premiers plans du terrain.

3e État. — Toutes les marges aquatintées et particulièrement celle du bas et de gauche dont les attaques de roulette qui les recouvre sont enveloppées par un grain très foncé de façon à diézer par contraste le blanc de la neige qui couvre la terre et les toits ; la tête de la femme tournée à droite a été retravaillée et l'expression de son visage est changée. Le grain du ciel et des terrains s'est accentué.

4e et 5e État. — Mêmes remarques qu'aux pièces précédentes, seulement au dernier état dans le coin droit au-dessus du trait carré : *T. II. P. 235.*

108

LE TOMBEAU DU DIABLE

H. 0,173. — L. 0,113

Dans une sombre grotte qu'éclaire faiblement une torche accrochée à la paroi du rocher à droite, Vellini presque de face et assise, la taille amoureusement enlacée par Ryno qui est à genoux près d'elle. Très à gauche une échancrure de rocher permet d'apercevoir la mer.

1ᵉʳ Etat. — Sans croquis dans les marges.

2ᵉ Etat. — Dans les marges du bas au coin gauche, deux êtres accroupis et enlacés près desquels se déroule un serpent, à la hauteur du rein de la femme une large tache noire résultat de profondes hachures, tout à fait dans le haut du coin gauche, une femme nue sans tête qu'enserre un serpent, à droite un bras se détachant d'un corps à peine indiqué, un fût de colonne surmonté d'une urne funéraire, et dans la marge du bas, tournant le dos, une femme étendue tout de son long les bras en avant ; les marges sont fortement noyées d'aquatinte, au milieu du trait carré : *Félix Buhot inv se;* et au bas du cuivre à gauche : *Le Tombeau du Diable (p. 243).* La planche terminée très dure, très encrée et très mordue.

3ᵉ Etat[1]. — La planche n'a pas été modifiée, mais les marges quoique lavées sont moins montées de ton, les paquets de noirs près des corps enlacés et de l'urne, produits par des hachures de pointe, ont complètement disparu.

4ᵉ et 5ᵉ Etat. — Mêmes remarques qu'aux pièces précédentes, seulement au dernier état au-dessus du trait carré en haut du coin droit: *T. II. P. 285.*

Il n'y a eu de la Vieille Maîtresse que 38 collections avec marges symphoniques : les épreuves d'essai sont fort nombreuses dans chaque suite, mais n'existent pour la plupart qu'à l'état d'unité.

---

1. Il y a si peu de différence entre cet état et le précédent que nous venons de décrire, que nous faisons nos réserves sur le 2ᵉ; il se pourrait que ce dernier manquât à la collection.

LETTRES DE MON MOULIN

109

TITRE : LETTRES DE MON MOULIN

H. 0.174. — L. 0.114

Sur un terre-plein couvert de neige, un âne est couché, près de lui s'ébattent des lapins dont trois semblent curieusement examiner une pancarte étendue par terre portant ces mots : *Lettres de mon Moulin.* A gauche un arbre, à travers les branches duquel on aperçoit, tracé à la pointe, sur une banderolle : *Moulin A lp. Daudet;* au fond un moulin à vent.

Sur le premier plan des personnages circulent, s'abritant sous leur parapluie, au-dessus d'eux plane un oiseau de nuit tenant dans son bec une enveloppe dont le cachet porte les initiales *A. D.* En bas de l'estampe à gauche en dedans du trait carré on lit : *A. Lemerre éditeur Passage Choiseul. Félix Buhot.*

1er État. — Les marges absolument vierges de croquis. La planche claire à l'état d'eau forte pure, presque entièrement au trait, à part quelques parties ombrées telles par exemple que l'oiseau de nuit portant la lettre, qui est très noir. Sous le milieu du trait carré, finement tracé à la pointe : *Félix Buhot inv sc :* puis au bas du cuivre également à la pointe : *Lettres de mon Moulin (pl. 1).*

2e État. — Les croquis dans les marges apparaissent : dans le bas du coin gauche une enveloppe sur laquelle est posé un encrier dans lequel plonge une plume d'oie, dans le haut de la même marge quelques ânes légèrement esquissés au trait, taches d'acide.

3e État. — Les croquis des marges ont été modifiés, enveloppe et encrier sont presque effacés pour faire place à des griffonis confus dans lesquels on distingue à la loupe sur une nouvelle enveloppe les mots: *Le sous-préfet aux champs ;* des lézards grimpent vers les ânes d'en haut qui ont été remplacés par des feuilles mortes éparses, dans la marge du bas quatre lapins indiqués au trait, et enfin dans la marge de droite un âne chargé marchant de gauche à droite précédé de son conducteur dont on n'aperçoit qu'une partie du corps.

4e État. — Les croquis des marges n'existent plus, mais le cuivre n'a pas été coupé et les témoins ont repris leur virginité primitive ; la planche terminée est *avant toutes lettres,* c'est-à-dire sans rubrique, ni nom d'artiste.

1. Par Alphonse Daudet ; édition A. Lemerre. 1879. Cinq illustrations gravées en 1880.

5° Etat. — La planche a été rognée et ne mesure plus que 0.127 sur 0.083 et on lit gravé au-dessous du trait carré au bas à gauche : *F. Buhot inv et aquaf;* à droite : *Lemerre ed.,* et au milieu au bas du cuivre : *Imp. A. Salmon.*

110

LA DILIGENCE DE BEAUCAIRE

H. 0,175. — L. 0.114

Dans un tambour de basque suspendu par un ruban au bout flottant qui forme encadrement, le portrait de la femme du rémouleur qu'accompagnent deux colombes, et à droite le profil de son mari en casquette et aiguisant un couteau ; au fond de l'estampe une diligence débouche au galop de ses chevaux, faisant fuir devant elle oies et Amours. Sur le balcon d'une des maisons de droite, on aperçoit un couple amoureux ayant près de lui un violoncelle et un tambour de basque.

1er Etat. — Les marges sans aucun croquis, sans rubrique, ni nom d'artiste. La planche complètement au trait, à part quelques légères attaques de pointe sèche, particulièrement aux colliers des chevaux et au portrait de la femme au médaillon.

2° Etat. — Les marges couvertes de croquis tels que : diligence, catafalque autour duquel brûlent deux cierges, rangée de pénitents assis et encapuchonnés de la cagoule, tête de mort sur laquelle est accroupi un singe pinçant de la mandoline et derrière lequel est étendu tout de son long un corps de femme, homme montant un escalier, tête de femme et d'homme, ce dernier coiffé d'une toque de toréador, rangée de cierges, diligence dételée près d'un bouquet d'arbres dans le coin de la marge en haut et à droite. Dans la marge du bas on lit : *3. L. D. M. M. Page 17* et renversées les initiales *F. B.* Toute la planche ombrée au moyen d'un lavis d'une exquise délicatesse obtenu par la fleur de soufre, les blancs des chevaux, des oies et des colombes sont tellement lumineux qu'on les croirait relevés de gouache.

3° Etat. — Le sujet principal n'a pas été modifié, mais de nombreux changements ont été apportés dans les marges, ainsi les pénitents assis n'existent plus, ils sont actuellement debout, le catafalque a été réduit et piqué de trois larmes d'argent, la tête de femme et de toréador ont disparu pour faire place à d'autres personnages, etc., etc. On lit maintenant dans la marge du bas à droite : *Diligence de Beauc* (sic).

4° et 5° Etat. — Mêmes remarques qu'à la pièce précédente, seulement au dernier état le titre : *La Diligence de Beaucaire.*

111

LE SECRET DU MAITRE CORNILLE

H. 0,170. — L. 0,114

A droite, assis de profil à gauche au pied de son moulin, Maitre Cornille songe, en face de lui son vieil âne broute le gazon de la plateforme ; en haut de l'estampe dans le coin gauche entouré d'un trait, réapparaît le moulin vers lequel se dirige une longue file d'ânes et de meuniers. Au bas de l'estampe à gauche en dedans du trait carré : *F. Buhot.*

1er État. — Les marges vierges de croquis ; tout au bas du cuivre à peines visibles à la pointe : *L. D. M. M.* La planche à l'état d'eau forte pure.

2e État. — Dans le coin gauche de la marge du bas, très superficiellement et très confusément esquissé à la pointe, un âne sur le dos duquel est assis son conducteur, au-dessous on lit : *Le Secret de Maître Cornille. L. D. M. M.* La planche lavée très légèrement d'aquatinte, sauf le corps du moulin qui l'est d'une façon très accentuée.

3e État. — Les marges sont actuellement toutes couvertes de croquis d'ânes et de leurs conducteurs, en haut le meunier assis sur une culasse, dans le bas à gauche une femme vue de dos, assise sur un âne et au milieu de cette marge du bas une tête d'âne entourée d'une branche de houx, à droite un couple monté sur un baudet. Nombreux travaux d'enveloppe à l'aquatinte accentuant encore les parties déjà ombrées telles que : le corps du moulin et la porte d'entrée. Le ciel apparaît très chargé avec une éclaircie blanche.

4e et 5e État. — Mêmes remarques qu'aux pièces précédentes, seulement au dernier état le titre de l'estampe : *Le Secret de Maître Cornille.*

112

LE CURÉ DE CUCUGNAN

H. 0,174. — L. 0,113

Dans une église, cinq femmes ; à droite, deux assises, deux debout

et une à gauche agenouillée dans un confessionnal au-dessus duquel
un démon est accroupi, en face de ce dernier un autre diable aux
ailes déployées fait mouvoir un soufflet pour faire bouillir la chau-
dière dans laquelle un autre esprit du mal tourne et retourne avec
sa fourche les damnés qui y ont été précipités.

1ᵉʳ État. — Les marges sans croquis. La planche d'eau forte pure, claire dans son
ensemble, quoique légèrement ombrée dans quelques parties, sans aucunes lettres,
ni rubrique, ni nom d'artiste.

2ᵉ État. — Nombreux croquis dans les marges tels que : silhouette d'un monument
avec grille, vieux prêtre descendant un escalier son parapluie à la main, serpent,
dauphin, vieille femme assise, croix, nombreux personnages se dirigeant vers la
porte d'une église, foule sortant d'une église ayant à sa tête un vieillard son chapeau
à haute forme à la main, curé en chaire prêchant. Au milieu et sous le trait carré
du sujet principal très finement à la pointe : *Le Curé de Cucugnan* et par dessus cette
légende, dans un petit cercle : *F. B. A. Q.*, dans cette même marge tout au bas sur
le bord du cuivre : *F. B. inv sc.* La planche lavée d'aquatinte.

3ᵉ État. — Les croquis des marges sont les mêmes, mais ces marges et la planche
ont été très vigoureusement remontées d'aquatinte.

4ᵉ et 5ᵉ État. — Mêmes remarques qu'aux pièces précédentes, seulement au dernier
état la rubrique : *Le Curé de Cucugnan.*

113

LES VIEUX

H. 0,173. — L. 0,113

Vu de dos et monté sur une chaise en face d'une armoire ouverte,
le vieux vient d'atteindre un bocal de cerises à l'eau-de-vie qu'il
passe à Mamette qui, les bras tendus, est debout derrière lui ; deux
fillettes, l'une à genoux, l'autre debout près de la chaise, assistent
à cette scène. A droite de l'estampe, le chapeau sur la tête de
profil à gauche, l'ami de Maurice est assis devant une table servie,
au-dessus de laquelle une cage ronde est suspendue. Au tout premier plan, un chat blanc et son petit qui boit du lait dans une
assiette placée sur le parquet.

1ᵉʳ État. — Les marges vierges de croquis. La planche claire avec quelques parties
ombrées seulement, mais à l'état d'eau forte pure.

2ª Etat. — Dans les marges, croquis aquatintés tels que : vase avec fleurs, chat, bocal, deux têtes de vieux, deux personnages vus de dos et s'éloignant, poules, silhouette à peine indiquée d'un moulin, etc... On lit au bas du cuivre : *Les Vieux, page 125*, et les initiales de l'artiste à la pointe et renversées *F. B. A. Q.* au-dessus du bocal. La planche aquatintée.

3ª Etat. — Mêmes croquis dans les marges. Le sujet principal monté de ton par le grain d'aquatinte.

4ª et 5ª Etat. — Mêmes remarques qu'aux pièces précédentes, seulement au dernier état la rubrique : *Les Vieux.*

Il n'a été tiré de ces 5 pièces que 33 suites avec marges illustrées.

Toutes les épreuves avec marges symphoniques des ouvrages que nous venons de mentionner ont été tirées par l'artiste lui-même et par A. Ardail avec un soin tout particulier.

114

IDÉE DU PREMIER FRONTISPICE
POUR L'ENSORCELÉE

H. 0,248. — L. 0,180

De face, un prêtre suivi de la croix et de nombreux pénitents s'avancent sous un large portique, dont les marches conduisent à une pièce d'eau où surnage le corps de Jeanne Le Hardouey que contemple La Clotte d'un œil attéré. Au-dessus du portique dans un cartel rectangulaire on lit gravé en gros caractères le mot *L'Ensorcelée* que désigne de son doigt crochu un démon aux ailes déployées, vu à mi-corps et penché en avant.

Cette planche absolument inédite et demeurée au premier état, a été détruite. Il en a été tiré quelques contre-épreuves. — Les marges sont illustrées.

115

DEUXIÈME IDÉE DE FRONTISPICE
POUR L'ENSORCELÉE

H. 0,245. — L. 0,178

Flanqué de deux niches, un vaste portique, entrée d'église sans

doute, au-dessus du cintre duquel est cramponné Satan vu à mi-
corps et les ailes déployées ; sous lui, un cartouche rectangulaire
barrant ce portique comme une enseigne, et sur lequel est inscrit
en gros caractères : *L'Ensorcelée*. Sur la porte dont les deux battants d'inégale hauteur son fermés par un cadenas, on lit : *Roman
de Barbey d'Aurevilly*. A gauche un fouilli de ronces, et piqué dans
le mur un clou auquel deux clefs sont suspendues. A droite sur une
pierre, polie comme une pierre lithographique au bas de laquelle
rampe un lézard, un hibou est posé. On y lit : *Dessins de Félix
Buhot*.

*Cette pièce, eau forte et pointe sèche est demeurée au premier état, elle est abso-
lument inédite et n'a été tirée qu'à 4 épreuves.*

116

EX-LIBRIS POUR L'ENSORCELÉE

H. 0,221 — L. 0,454

Au-dessus d'un lac, à la surface duquel flotte le cadavre d'une
femme nue qu'un cygne à gauche vient contempler, un vaste portique d'église orné de statues, à travers lequel on aperçoit dans un
ciel noir une silhouette de château. Au milieu de ce portique un grand
cartel sur lequel on lit gravé : *Ex-libris d'eaux fortes pour l'Ensorcelée de M J. Barbey d'Aurevilly Lemerre Ed.* A droite et sail-
lant derrière ce cartel une branche d'arbre sur laquelle est perché
un hibou. A gauche l'abbé de la Croix-Jugan debout, appuyé sur
une longue épée la pointe en terre. Une partie de la planche est
entourée de lierre.

*1er Etat. — Eau forte pure, Le grand cartel à la gauche de l'abbé est blanc, et la marge
de droite vierge de croquis : dans celle de gauche tachée d'aquatinte en haut on distingue une tête d'abbé, tout à fait au bas du cuivre à gauche, on lit le mot : Premier.*

*2e Etat. — La planche vigoureusement remordue et reprise à la pointe sèche pour
l'envelopper, est entourée de lierre à droite et à gauche. Au bas on lit : 2e Etat.*

*Cette planche qui est sans signature dans ses deux états, a été publiée par Le
Livre (n° 99 du 10 mars 1888) pour accompagner un très remarquable article
illustré, d'Octave Uzanne sur Buhot.*

117

LA MAISON MAUDITE

H. 0,249. — L. 0,180

A gauche, Thomas Le Hardouey, furieux, essaie de défoncer du pied et de son bâton la porte de sa maison. La Clotte épouvantée de ce vacarme s'enfuit en se bouchant les oreilles, les poules et les chats également effrayés se sauvent dans toutes les directions. A terre sur le premier plan, un chapeau et une limousine. Nombreux croquis dans les marges tels que : toiture avec cheminée, vieille femme apparaissant sur le palier d'un escalier un chandelier à la main, homme faisant le geste d'enfoncer son épée dans un obstacle invisible, croquis de têtes, le mot *Ensorcelée* inscrit à gauche de la Clotte assise et ramassée sur elle-même, réplique de l'homme qui frappe à la porte, chats, griffonis insaisissables et tout à fait dans la marge supérieure neuf hiboux sur la même branche à leur gauche un croissant, et enfin dans le bas du coin droit en dehors du trait carré, une poule tenant dans son bec un chapeau.

1er État. — Eau forte pure, la planche très claire.

2e État. — Toute la planche reprise à la pointe sèche très enveloppée et estompée au chiffon, attaques de roulettes à gauche de la Clotte : le cuivre rogné ne mesure plus que 0,228 sur 0,163. La poule tenant le chapeau a disparu.

Il y a quelques épreuves d'essai entre ces deux états. Cette estampe, vignette inédite pour L'Ensorcelée ne porte pas la signature de l'artiste. — Planche détruite.

118

VIGNETTE POUR LE CHEVALIER DESTOUCHES

N'ayant retrouvé ni planche ni épreuves, nous sommes tenté de croire que cette vignette n'a existé qu'à l'état de projet ou plutôt de dessin.

119

VIGNETTE POUR UNE VIEILLE MAITRESSE

H. 0,255. — L. 0,180

A droite, battue par les flots, la tour ronde de Carteret au sommet de laquelle on distingue Ryno et La Vellini. Des goëlands voltigent autour d'elle et l'on aperçoit un canot. Au bas on lit : *Ryno et Vellini à la tour de Carteret.*

Eau forte et pointe sèche restée inachevée et de laquelle on a tiré seulement 2 épreuves.

120

VIGNETTE POUR UNE VIEILLE MAITRESSE

H. 0,197. — L. 0,129

Sur une plage, Ryno à cheval, à droite un bateau, à gauche un chien, dans les marges au trait extrèmement léger trois canots et les mots : *Ryno sur la plage de Carteret.*

Eau forte pure non terminée, tirée à 2 exemplaires.

121

VIGNETTE POUR UNE VIEILLE MAITRESSE

Planche et épreuves perdues.

122

UN GRAIN A TROUVILLE

H. 0,161. — L. 0,240

Sur la plage, à gauche on aperçoit une tente et la ville ; à droite
de nombreux baigneurs regagnant précipitamment leurs abris, chassés du rivage par de gros nuages noirs qui se répandent en pluie, à
l'horizon des navires. Au premier plan une chaise renversée et un
bébé à plat ventre. A gauche on lit : *Trouville 4 août 1874. Tohub.*

1er État. — Eau forte pure ; pas de croquis dans les marges du bas.

2e État. — Un grain d'aquatinte dans le ciel à droite pour l'assombrir. Dans la
marge du bas à gauche deux petits personnages sont esquissés, dans celle du haut
également à gauche on remarque des essais de pointes.

3e État. — Les croquis dans les marges ont disparu ; c'est l'état publié dans l'*Il-
lustration Nouvelle* le 1er février 1875, il porte gravé sous le trait carré à gauche :
Tohule (sic) *del et se* ; au milieu : *Un Grain,* et à droite : *A. Cadart Edit Imp* Bard
Haussmann Paris.

4e État. — Les lettres sont effacées ; dans la marge du bas très légers croquis de
têtes d'hommes, crabes, parapluie, tête de femme, bateau. Le ciel plus enveloppé,
sur le premier plan un grain a été jeté pour accuser un mouvement de terrain.

*Ce dernier état a été tiré par l'artiste après le rachat de son cuivre. — La
planche est détruite.*

123

UNE MATINÉE D'HIVER AU QUAI DE L'HOTEL-DIEU

H. 0,240. — L. 0,320

Sur un quai où l'eau ruisselle, à droite : quatre fiacres à un cheval sont alignés. Le cheval de la seconde voiture est blanc, hautes

maisons, un candélabre et trois personnages, plus loin à gauche une voiture, une silhouette de maison et vu de dos un municipal à cheval ; au fond sur un pont un omnibus allant de droite à gauche, une cheminée d'usine. Au bas à gauche en dedans du trait carré à la pointe : *Félix Buhot pinx et sc*, et sous ce trait gravé également à gauche : *Félix Buhot pinx et sculp* ; au milieu : *Une matinée d'hiver au quai de l'hôtel-Dieu* ; à droite : *V*ᵛᵉ *A. Cadart, édit. Imp. 56 B*ᵃʳᵈ *Haussmann Paris*, dans le haut du coin droit le numéro *19*.

*1*ᵉʳ *État*. — Croquis très enlevé à l'eau forte pure, opposition violente entre les blancs et les noirs ceux-ci brutalement mordus, les maisons du second plan sont exprimées par un travail heurté sous demi teinte. — 4 épreuves.

*2*ᵉ *État*[1]. — Le deuxième plan est enveloppé de travaux en sens vertical régulier qui correspondent assez exactement à un *glacis* ou une demi pâte sur une ébauche peinte à l'huile, ces travaux tranquillisent les fonds en leur donnant une grande profondeur. Quelques partis de pointe sèche fine et serrée, dans la ligne médiane des reflets noirs et dans le ciel (horizon et zénith).

*3*ᵉ *État*. — L'artiste a repris sa planche fatiguée par ces tirages multipliés et par la combinaison d'une *remorsure*[2] hardie succédant à des travaux préparatoires réfléchis et patients, a su rendre à la composition la vie, la profondeur et l'éclat. Le premier plan à gauche de l'épreuve, le trottoir fuyant est effacé et refait, les noirs brillants donnés par les reflets des voitures sont reliés aux lumières par des travaux dans le sens du terrain (en termes de métier, *travaux d'accompagnements*), le ciel est enveloppé de pointe sèche ébarbée, et dans certaines parties on remarque des effets de lavis à l'aquatinte donné par le vernis à remordre intentionnellement *creué*. Le bas de la planche à l'endroit de la lettre effacée, est couvert de croquis légèrement esquissés qui sont, en allant de gauche à droite : église, chat, fiacre, hachures de pointes verticales, voiture, locomotive, deux chiens suivant une voiture qui porte derrière elle une perche où sont suspendus trois cœurs, une voiture non attelée, et deux petites bottines à boutons. Au-dessus du trait carré à gauche : *Félix Buhot 1876*.

*4*ᵉ *État*. — Les remarques de la marge du bas effacées ; la planche rognée dans sa partie inférieure, ne mesure plus que 0,235 en hauteur.

1. C'est l'état paru dans l'album Cadart ; cet éditeur imprima deux nouveaux tirages de cette planche dans l'*Album Boetzel* et dans celui publié par le *Gil Blas*.

Pour ce nouveau tirage l'artiste fit quelques retouches à la planche, les fonds furent engraissés de pointe sèche à peine ébarbée par endroits. Cet état est encore très brillant bien que cependant certaines épreuves d'artiste tirées très gras avec de la teinte dans le ciel puissent faire illusion sur l'état.

2. L'artiste n'ayant pas pris la peine de tirer des épreuves après les premiers travaux préparatoires sur vernis blanc et ayant procédé de suite à la remorsure, il s'en suit que toutes les additions et modifications essentielles que nous venons de décrire, n'ont donné lieu à aucun état intermédiaire. Ce 3ᵉ état, *le plus complet* selon nous de la planche, se trouve dans quelques rares collections et l'artiste n'en a tiré qu'un nombre fort restreint d'épreuves d'essai, comme s'il avait voulu venger la planche des tirages excessifs et hâtifs de l'éditeur Cadart. Ces épreuves d'essai (dont nous possédons un admirable exemplaire sur Japon), présentent de grandes différences entre elles ; d'abord tous les papiers les plus divers ont été mis à contribution, puis la planche n'ayant pas été protégée par l'aciérage, les finesses, les tons subtils (tels que le lavis presque imperceptible dans le ciel et dans les fonds d'architecture) ont baissé rapidement, il s'en suit que les 5 ou 6 premières épreuves sont chargées, un peu lourdes, tandis que les dernières sont prématurément appauvries. Quelques exemplaires intermédiaires tirés par le merveilleux artiste Albert Ardail sur vieux Hollande, semblent réaliser dans la perfection ce que l'excellent Philippe Burty avait si heureusement baptisé : *La Belle Épreuve*.

Cette planche actuellement détruite, et généralement désignée sous la rubrique Les Fiacres, *est une des plus populaires de l'artiste ; elle a figuré à l'exposition centenale du Champ-de-Mars en 1889, sous le n° 68. Il existe des épreuves tirées sur papier essencé ; quelques-unes sont d'un aspect fort curieux. Nous avouons qu'il est extrêmement difficile de se reconnaître dans la classification des états de cette planche qui a subi tant de manipulations ; aussi faisons-nous nos réserves sur les notes que nous venons de donner. Nous possédons une superbe épreuve portant sous le trait carré, à gauche, et dessiné dans un rectangle, un fiacre avec les mots :* épreuve d'artiste. *Au milieu, le titre :* L'ancien Quai de l'Hôtel Dieu. — Matinée d'Hiver. *A droite,* Félix Buhot pinx et aq forti *et à gauche en dedans du trait carré :* Félix Buhot pinx^t et sc. *Nous confessons ne pas savoir comment la classer !*

124

FRONTISPICE

POUR L'ILLUSTRATION NOUVELLE 1877

H. 0,348. — L. 0,230

A droite une locomotive fumante entre en gare, elle porte inscrit sur son avant et en exergue ; *L'Illustration Nouvelle Paris 1877* ; sur le rail qu'elle va franchir se déroule à droite un serpent la tête haute et menaçante, près de lui sur le mur se profile le buste d'une femme nue. Dans le panache enfumé grouille une légion d'Amours : en haut tout à fait à gauche, de ces mêmes Amours dansent une sarabande effrénée autour d'un burin cravaté de crêpe ; un peu plus bas, un fiacre attelé d'un cheval ailé, portant écrit derrière sa caisse *1876*, sur son siège un cocher costumé en croquemort, la foule l'environne conduisant le dit burin à sa demeure dernière. Au fond on aperçoit Paris. Sur la locomotive un ange tient le volant du serre-frein. Au bas dans le coin gauche : *F^x Buhot inv^t sc.*

1er *Etat.* — La locomotive seule à droite, gravée en gros traits brutalement mordus.

2e *Etat.* — La planche entièrement gravée au trait ; le fond du ciel blanc est vide de travaux.

3e *Etat.* — Remorsure de toute la planche. Cette morsure conduite avec adresse a fait par endroits craquer le vernis et produit de grandes touches de lavis qu'on dirait obtenues par un grain d'aquatinte très gros et très espacé.

4ᵉ Etat. — Travaux de pointe sèche dans le ciel et grain d'aquatinte. A gauche dans le coin du bas : *Fˣ Buhot invᵗ sc.*

Indépendemment du tirage ordinaire, il a été imprimé de cette planche 10 épreuves par Ardail, comme en fait foi la bande de cuivre mobile haute de deux centimètres sur laquelle est gravé à gauche : Épreuve Nᵒ ; au milieu Frontispice; et à droite, Tiré par Ardail. Cette pièce est quelquefois désignée sous le nom de L'Enterrement du burin. N'ayant pu avoir en main les éléments suffisants pour la classification rigoureuse des états, nous faisons toutes nos réserves à cet égard en déclinant les erreurs qui auraient pu s'y glisser. Une intéressante et spirituelle conférence relative à cette estampe fut donnée par M. Frédérick Keppel, de New-York devant The Union League, en février 1890 ou janvier 1891 (le manque de temps ne nous a pas permis d'en établir la date exacte).

<h1 style="text-align:center">125</h1>

<h2 style="text-align:center">LE RETOUR DES ARTISTES</h2>

H. 0,237. - L. 0,316

A l'entrée des Champs-Elysées, où l'on aperçoit à droite un des cavaliers de Marly, de nombreux personnages, des artistes surtout, circulent par une pluie battante. Sur le premier plan à droite, debout et vus de dos, trois individus semblent regarder attentivement ce défilé de gens trempés. A gauche un rapin au chapeau traditionnel, marche délicatement sur la pointe des pieds pour éviter les flaques d'eau ; dans la contre-allée de gauche plusieurs voitures dont l'une porte l'inscription : *Déménagement.*

1ᵉʳ Etat. — Tout à la pointe, dans la partie supérieure de la planche, une bande s'étendant dans toute la longueur de celle-ci et sur laquelle on distingue, à gauche des personnages bousculés par un vent violent, qui retourne le parapluie de l'un d'eux ; au milieu des caractères grecs (?) et à droite la tête du Dieu Zéphyre soufflant à pleine bouche la tempête. Au bas de l'estampe à gauche en dedans du trait carré, ces mots mordus à l'acide pur: *Au Palais des Champs Elysées. Le 20 mars à 6 heures du soir. F. Buhot. 21 mars 77* [1]. — 4 épreuves.

1. Le chiffre 77 écrit à l'envers.

2ᵉ État. — La planche remordue; le ciel dans toute son étendue, rehaussé d'aqua-tinte (grain à l'alcool) strié de bandes de pluie *épargnées au pinceau*. La planche encore frontispicée de ses remarques. — 6 épreuves.

3ᵉ État. — La planche coupée n'a plus ses remarques et mesure seulement 0,207 sur 0,316, très enveloppée et donnant bien l'aspect du soir.

4ᵉ État. — Avec ce titre sous le milieu du trait carré : *Le 20 mars au Palais des Champs Elysées ;* à gauche *Félix Buhot pinx et sc. ;* à droite *Vᵉ A. Cadart. Edit. Imp. 56 Bᵃʳᵈ Haussmann Paris.*

Cette estampe a paru dans l'Illustration Nouvelle du 1ᵉʳ juin 1877. L'artiste l'appelait quelquefois par ironie Le Dernier Jour des Condamnés, car c'était la date extrême pour l'envoi des tableaux au Salon. — Planche perdue.

126

EMBARCADÉRE A TROUVILLE

H. 0,196. — L. 0,273

Un bateau à vapeur fumant, de profil à gauche, attend amarré au quai les nombreux passagers qui se rendent à son bord. Sur le quai, réverbères, mât avec pavillon et poteau indicateur portant l'inscrip-tion : *Havre.* A gauche une estacade. Au bas de l'estampe en dedans de la planche à droite : *Félix Buhot 77.* Egalement en bas effleu-rant le trait carré, on lit gravé à gauche : *Félix Buhot pinx et sc.* Au milieu en plus gros caractères : *L'Embarcadère,* à droite : *Vᵉ A. Cadart Edit. Imp. 56 Bᵃʳᵈ Haussmann. Paris.*

1ᵉʳ État. — Eau forte pure brutalement mordue, au bord inférieur et intérieur de la planche le mot : *L'Embarcadère* à la pointe sèche.

2ᵉ État. — Le mot *L'Embarcadère* presque effacé. Le ciel couvert de travaux libres à la pointe sèche en manière de coups de crayon. Au premier plan quelques reprises à la pointe sèche pour accompagner les ombres portées un peu trop noires. Effet de soleil aveuglant, mais très juste.

3ᵉ État. — Celui qui est décrit.

Cette estampe a paru dans l'Illustration Nouvelle le 1ᵉʳ décembre 1877.

127

LA FÊTE NATIONALE AU BOULEVARD CLICHY

H. 0,317. — L. 0,235

Sur le boulevard Clichy, dont on n'aperçoit que les maisons de droite pavoisées de drapeaux, au premier plan à gauche un réverbère au pied duquel un chien applique le proverbe : *Nécessité n'a pas de loi*. Nombreux promeneurs, deux fillettes vues de dos, jeune mère donnant la main à son fils costumé en soldat, femme poussant un éventaire de fleurs, voiture funèbre, etc. Au pied du réverbère : *Félix Buhot 1er Juillet 1878. Boulevard Clichy*. Au milieu sous le trait carré : *La Fête Nationale du 30 Juin au Boulevard Clichy*.

Marge de droite. Une troupe de gamins chantent en portant des lanternes vénitiennes au bout de longues perches, dans le haut de cette marge un gavroche fait partir un pétard qui assourdit un monsieur et fait s'emballer un cheval de fiacre.

Marge du haut. — Armes de la ville de Paris et silhouettes de monuments.

Marche de gauche. — Un cocher fouettant sa rosse qui ne veut pas avancer, un autre en maraude, manège aux chevaux de bois, fillette avec sa poupée, gardien de la paix causant avec un petit gamin aux cheveux hérissés.

Marge du bas. - - Foule bigarrée, depuis la nourrice et son gosse, le monsieur au chapeau à haute forme, jusqu'au marlou de barrière à la casquette à pont et le bourgeois qui lit l'*Univers*. Dans l'extrême coin à gauche on lit : *F. Buhot pinx^t sc.*

1er État. — Eau forte pure presque entièrement au trait, à part quelques ombres portées sur le réverbère, les drapeaux et le vieux monsieur au chapeau à haute forme qui donne le bras à une jeune femme. Commencement de croquis dans les marges, tels que à gauche : vieille femme assise sous un parapluie ; en haut voiture découverte attelée d'un cheval qui se cabre ; à droite un fiacre et un personnage se bouchant les oreilles, assourdi par la détonation d'un pétard qu'un gamin vient de faire partir près de lui. Dans le coin du bas à gauche, au pied du réverbère et très finement gravé en dedans du trait carré : *Félix Buhot 1er Juillet 1878. Boulevard Clichy*. Au milieu mais sous ce trait : *La Fête Nationale du 30 Juin au Boulevard Clichy*.

2° État. — Toute la planche remordue pour l'ombrer, quelques touches d'aquatinte.

3° État. — Les anciens croquis des marges du 1ᵉʳ état ont disparu pour faire place à ceux indiqués à l'état décrit. Reprise des travaux dans le sujet principal, notamment dans le couple de gauche qui se trouve derrière le fiacre.

4° État. — Toutes les marges lavées d'aquatinte.

Il a été tiré des épreuves avec les marges en bistre, et aussi par Ardail quelques très rares exemplaires en couleurs à 4 tons avec les marges dorées. Cette planche qui est la deuxième (voir n° 81), a été rachetée par l'artiste qui l'a détruite : pendant qu'elle n'était pas en sa possession il en a été fait d'affreux tirages sans aucune valeur artistique.

128

L'HIVER A PARIS OU LA NEIGE A PARIS

H. 0,237. — L. 0,350

La neige couvre la terre ; à droite station de fiacres, Rambuteau et hommes munis de pelles pour enlever la neige ; au milieu de l'estampe trois chiens, l'un d'eux, celui de gauche, d'une maigreur extrême, ronge un os ; à gauche une jeune femme et sa petite fille suivies de leur caniche, des hommes nettoient la voie, d'autres poussent une voiture. En bas à gauche en dedans du trait carré : *Félix Buhot Paris Xᵇʳᵉ 1879 ;* à droite entre les chiens et les hommes aux pelles on lit : *A la Place Bréda 9 Décembre.*

Marge de gauche. — Un cocher s'efforce de relever son cheval abattu, près de lui la voiture dételée, des promeneurs arrêtés le regardent ; on lit à la pointe : *Montmartre*, à droite au-dessous de la tête du cheval. — Un cheval couché sur le flanc semblant mort ; plus loin, le fouet à la main, le cocher cause avec un gardien de la paix. — Quatre individus se chauffant autour d'un brasero.

Marge du bas. — Silhouettes de jambes et en haut dans le coin droit de cette marge, un pont et la Seine glacée sur laquelle on aperçoit de nombreux patineurs. Au milieu de cette marge on lit en lettres renversées : *Au Boulevard des Italiens* et à gauche sous le brasero : *Chauffeur public.*

1er État. — La planche est gravée en traits fins et serrés, les noirs brillants : le fond de maison et le ciel ont déjà reçu des touches légères au vernis mou produisant des gris d'une grande délicatesse qui contrastent avec le ton plus ferme des travaux à la pointe. Les marges sont déjà ébauchées sauf dans la partie inférieure qui néanmoins a déjà reçu un griffonis à droite. — 3 épreuves, dont une en bistre.

2e État. — La planche a reçu une couche d'aquatinte très finement graduée par la morsure et dont le peintre-graveur a tiré le plus heureux effet. Des blancs très francs réservés dans les saillies des maisons, des blancs légers, floconneux, dans le ciel ; des gris froids et plats dans les premiers plans concourent à la concentration d'un effet très vif, d'une sensation très intense de neige récemment tombée et qui poudroie encore dans un ciel de plomb. *La caractéristique* de cet état est que le premier plan est encore recouvert d'un ton léger, d'un gris froid sur lequel les chiens se détachent en *valeur grise* et comme transparente ; cet état possède toutes les qualités d'une peinture grasse, enveloppée, savoureuse (malheureusement l'artiste pressé et un peu nerveux n'en a pu tirer que deux admirables épreuves, l'une sur Chine, l'autre sur Japon ; cette dernière dans la collection de Madame Buhot). Les marges, actuellement complètes, sont celles décrites plus haut en même temps que l'estampe.

3e État. — Deux des chiens du premier plan ont été retouchés et on lit maintenant près d'eux à la pointe : *A la Place Bréda 9 Décembre* et gravé à droite dans le bas du coin de la marge inférieure : *L'Hiver de 1879 à Paris* et tout à fait dans l'autre coin gauche de la même marge au pied du candélabre : *L'Art ;* et à toucher la marge du cuivre : *Imp. A. Salmon* et au-dessus de cette dernière mention le monogramme *gravé* de l'artiste et le *chiffre 25.*

4e État. — Quelques épreuves tirées avec fausses marges ; dans celle du bas on lit à gauche : *Félix Buhot pinx et aq forti. État tiré à   épreuves. Paris sous la neige* etc., etc., et à droite : *Se trouve à Paris chez l'auteur rue de Breda 15 proche la station des Fiacres.* Les lettres *gravées* à l'état précédent : *L'Hiver de 1879,* etc., etc., ont été effacées.

5e État. — Un des chiens effacé dans le groupe des quatre du premier plan. État décrit.

Il y a eu des épreuves d'essai très nombreuses et une variété extraordinaire de tirage dans les divers exemplaires de cette planche. Le 3e état a été publié dans L'Art *(n° 314) le 2 Janvier 1881 sous la rubrique :* L'Hiver de 1879 à Paris.

Il existe de l'état avant les mots : L'Art, *le chiffre 25 et la rubrique* L'Hiver de 1879 à Paris, *quelques rares épreuves d'artiste ; elles ont été tirées par Ardail au chiffon : elles sont très retroussées, très noyées et exceptionnellement brillantes. L'une d'elles est dans notre collection.*

129

LA PLACE PIGALLE EN 1878

H. 0,257. — L. 0,345

Sur la place Pigalle, à droite ; assis sur les marches de la fon-

taine deux modèles Italiens s'abritent sous un large parapluie, à
droite de ces deux modèles dans le coin de l'estampe un jeune gamin debout et tête nue est sommairement esquissé ; à gauche :
maison basse au-dessus de laquelle on lit sur le mur une annonce
qui se termine par les mots *Tout Paris*, omnibus sur l'impérial
duquel sont montés de nombreux voyageurs, près de ce dernier et
sur le premier plan, un groupe de trois spectateurs dont un monsieur qui tourne le dos tenant derrière lui un bouquet enveloppé
dans une feuille de papier blanc. A gauche, au-dessus de la fontaine, et isolée de l'estampe par un encadrement de filets cette
même fontaine, et à côté une table de café où sont assis des con-
sommateurs, enseigne du *Rat mort* à gauche, et à droite celle de
La Nouvelle Athènes inscrite sur la tente de cet établissement. Dans
le haut de l'estampe coin droit, un corbillard, se dirigeant vers la
gauche, suivi de personnages et d'une voiture. Au bas en dedans
de l'estampe à gauche à la pointe : *Pigalle. A la place Pigalle 1878 ;*
et à droite sur les marches de la fontaine : *F. B. 1878.*

1ᵉʳ Etat. — Le coin gauche, au-dessus de la portion ombrée du terrain du premier
plan où se lit la signature Félix Buhot à la pointe, est vide de travaux, ainsi que tout
le bas de la partie droite de l'estampe qui n'étant pas gravée simule une marge. Le
haut candélabre de la fontaine au pied duquel sont assis les deux modèles n'est pas
ombré. —2 épreuves.

2ᵉ Etat. — Une tête d'homme coiffé d'un chapeau à haute forme apparait dans le
coin gauche, en même temps que se profile dans la marge de droite, la tête bien
typique d'un vieil et charmant peintre-graveur très connu du tout Paris artistique.
3 ou 4 épreuves.

3ᵉ Etat. — Un trait carré entoure maintenant l'estampe. Le modèle femme et le parapluie sont devenus absolument blancs, dans le coin gauche où se profilait l'homme
au chapeau à haute forme on distingue actuellement, celui-ci ayant été effacé, la
silhouette d'une toute jeune fille tête nue légèrement penchée en avant et regardant
à droite. La signature de l'artiste, et l'ombre au vernis mou portée sur le terrain ont
disparu. Dans la marge inférieure où se trouvaient disséminées de nombreuses têtes
d'hommes et de femmes on lit: *Félix Buhot pinx sc. Etat tiré à   épreuves, etc., etc.
La place Pigalle en 1878.* Dans la marge de droite qui est assez étroite, nombreux croquis
commençant dans le bas par des têtes d'hommes pour se terminer dans le haut
par un omnibus sur le sommet duquel sont des personnages ayant leurs parapluies
ouverts. La signature de l'artiste en bas à gauche est effacée.

4ᵉ Etat. — Le trait carré a disparu, le candélabre au pied duquel étaient les modèles
est effacé, ainsi que la bonne et l'enfant et les personnages assis sur un banc à la
hauteur de la lanterne du candélabre, à la place desquels est maintenant gravée la
silhouette de la fontaine sous laquelle on lit : *La Fontaine Pigalle, Café de la Nouvelle
Athènes.* La figure de l'Italienne reprise ainsi que son tablier, tous les croquis de
marges effacés, ces marges du reste n'existent plus du fait de l'enlèvement du trait
carré ; seulement dans celle du bas le texte mentionné à l'état précédent subsiste
encore. Dans le coin droit de l'estampe, la silhouette sommairement esquissée d'un
gosse debout tête nue et de face. — 6 ou 7 épreuves seulement.

5e État. — Celui décrit, mais le cuivre a été rogné et ne mesure plus que 0,242 sur 0,340.

Sans aucune note de l'artiste, et en présence d'épreuves d'essai si multipliées, d'additions et de suppressions si nombreuses, nous faisons nos plus expresses réserves sur la classification des états que nous venons d'indiquer. Cette estampe, où la pointe sèche, l'aquatinte, l'eau forte et le vernis mou viennent tour à tour concourir à l'effet, est très typique ; elle fait songer plutôt par son aspect à une lithographie qu'à une eau forte. — La planche est détruite.

130

UN DÉBARQUEMENT EN ANGLETERRE

H. 0,320 — L. 0,238

Une jetée, sur laquelle, à la nuit tombante, débarquent de nombreux voyageurs vus de dos ; il pleut et l'eau ruisselle, les nouveaux arrivants ont peine à lutter contre la violence du vent qui les pousse en avant, comme nous le montre surtout le couple de droite abrité sous un parapluie. Sur le premier plan, un caniche, à gauche un treuil en avant duquel se trouve un organeau ; au fond nombreux navires, fumée de paquebots, un mât-signal battant pavillon et deux réverbères allumés ; à droite dans le ciel une envolée de goëlands.

Marge de gauche. — En commençant par le haut : 1° deux personnages assis l'un près de l'autre sous leurs parapluies ; 2° gentleman abordant une dame en la saluant ; 3° estacade en bois avec réverbère, au dessous de laquelle deux jeunes misses vues de trois quarts, celle de gauche a son ombrelle sous le bras, celle de droite retient son chapeau de la main gauche ; 4° au bas de la marge pour terminer, croquis d'hommes du peuple, d'un tout jeune homme, d'une fillette et d'une rampe d'escalier. En bas sous le trait carré à gauche : *Débarquement en Angleterre ;* à droite : *Félix Buhot aq. f. 1879.*

1er État. — Eau forte pure sans aucune lettre. La planche extrêmement peu avancée, le ciel et le tout premier plan vides de travaux, le trait qui délimite la marge de gauche n'existe pas : dans cette marge, seulement les deux jeunes misses et l'esquisse du monsieur qui va saluer la jeune dame et desquels deux autres personnages semblent s'éloigner, tout en haut la silhouette encore indécise des deux personnages aux parapluies.

2° État. — La signature *Félix Buhot* près de l'organeau à gauche apparaît, le treuil est indiqué par quelques traits, dans le ciel quelques taches de grain et attaques de roulette. Un trait vient actuellement délimiter la marge de gauche, dans laquelle se dessine maintenant l'estacade. Dans la marge inférieure on lit à la pointe : *Une Jetée (Souvenir d'Angleterre).*

3° État. — On a ajouté les croquis du bas de la marge, vieilles têtes de marins, etc... Tout le motif principal est terminé, le ciel vigoureusement modelé à la pointe sèche légèrement lavé d'aquatinte, des éclats de lumière habilement répandus et obtenus par un frottis du cuivre au blanc d'Espagne viennent diézer encore en leur donnant une grande intensité les noirs profonds du premier plan de gauche. État extrêmement brillant.

4° État. — Toute la planche reprise aquatintée et ramenée à une gamme plus adoucie, qui lui donne un aspect moins éclatant mais plus enveloppé. Les marges sont terminées et aquatintées, *les goëlands apparaissent* dans le haut du ciel, modelés au brunissoir, en un mot, c'est l'état que nous avons décrit.

5° État. — Les croquis ont disparu par suite de la rognure du cuivre qui ne mesure plus que 0,300 sur 0,180. Au milieu de la marge inférieure un petit écusson rappelant les armes de l'Angleterre. Il existe des épreuves sans cette écusson.

Il y a eu de cette planche de nombreuses épreuves d'essai, créant des états intermédiaires, et des tirages d'aspects très variés, entre autres quelques-uns à deux tons. — La planche est détruite.

131

LES MARGES DU DÉBARQUEMENT

Ce sont les marges que nous venons de décrire au n° 130 qui ont été coupées en quatre cuivres afin de pouvoir être obtenues séparément. Voici leurs dimensions respectives d'après l'ordre numérique donné lors de leur description :

N° 1 H. 0,050. — L. 0,060
N° 2 H. 0,063. — L. 0,060
N° 3 H. 0,114. — L. 0,060
N° 4 H. 0,094. — L. 0,060

Ces cuivres sont détruits.

132

UNE JETÉE EN ANGLETERRE

H. 0,299. — L. 0,201

Cette planche est la même à très peu près que le n° 130, elle en diffère cependant parce qu'elle est d'abord en *contre-partie* de l'autre, c'est-à-dire que la mer dans celle-ci est à gauche, tandis que dans le *Débarquement* elle est à droite ; ensuite l'entrée de la jetée est moins large, ce qui fait que le treuil qu'on voyait à gauche dans le n° 130 n'existe pas ici. Sous l'organeau du premier plan à droite : *F. B.* et à gauche écrit à la pointe à l'envers : *Folkestone* (ici des mots illisibles) *1879. Félix Buhot.* La marge symphonique est absolument différente de celle de l'autre estampe ; en voici la description :

Marge de gauche. — Petits bateaux à voiles, dame vue de dos avec un parapluie, deux gentlemen s'abordant violemment poussés par le vent, esquisse légère d'une tête d'homme coiffée d'un chapeau à haute forme, et enfin au bas de profil à gauche la tête d'une jeune fille et ses deux mains tenant en l'air un gros ballon.

1ᵉʳ État. — Croquis très vif, *tout* à la pointe sèche, effet brillant et mouvementé. Le ciel seulement indiqué par quelques traits de pointe. *La gare* au fond à droite dont on aperçoit la toiture, et *l'organeau* du premier plan *n'existent pas*, ce premier plan est du reste vide de travaux. Dans la marge, au lieu de la tête d'homme au chapeau à haute forme et de la jeune fille au ballon on aperçoit la silhouette en pied de deux jeunes misses vues de dos. — 18 épreuves.

2ᵉ État. — Les fonds plus accusés, nourris de travaux serrés à la pointe sèche. Le ciel est modelé avec des grains d'aquatinte de qualités différentes, qui semblent noyés dans un lavis très humide. Dans les marges, les grains sont essayés par endroits en taches ou *à plats* qui imitent le dépôt laissé par un pinceau chargé d'encre de chine. La toiture de la gare et l'organeau du premier plan apparaissent à droite ayant en dessous d'eux les initiales *F. B.* L'inscription *Folkestone*, etc., disparaît presque sous l'aquatinte, la pointe sèche et la roulette. La marge est celle décrite plus haut en même temps que l'estampe. Dans le milieu de la marge du bas un cartouche flanqué de deux dauphins.

3ᵉ État. — Le ciel entièrement effacé et refait à la pointe sèche, effet gris et léger très caractéristique ; quelques épreuves très retroussées et voilées donnant l'aspect d'un lavis transparent et enveloppé. Les marges ont été effacées [1] et les croquis de *figures* remplacés par des *mouettes* au trait. Le cartouche aux dauphins de la marge inférieure a disparu. Quelques épreuves d'artiste seulement sur divers papiers, présentant des différences notables, aussi bien comme mode d'impression que comme effet résultant de la marche progressive de travaux à la pointe sèche.

4ᵉ État. — La planche devant être détruite a servi à un essai de remorsure pour essayer le vernis. Elle a été revernie au rouleau puis replongée dans un bain d'acide à 25°, de *pointe sèche pure* elle est devenue *eau forte*. De cet état quelques rares épreuves ont été tirées pour des amis, ainsi que quelques exemplaires avec la planche n° 176 ; c'est-à-dire que par un singulier caprice, l'artiste après avoir régulièrement tiré sa planche *La Jetée* a encré son cuivre n° 176 *(Les deux oiseaux)* et l'a tiré sur l'épreuve même de *La Jetée* réunissant ainsi les *deux planches* sur *une seule épreuve.*

Planche détruite.

133

CHAUMIÈRES ANGLAISES

H. 0,077. — L. 0,114

Essai d'une planche au vernis mou qui n'a produit qu'une chose informe.

134

BATEAU DE PÊCHE

135

LISEUSE SOUS LES MARRONNIERS

136

UN BATEAU PAR UN GROS TEMPS

Ces trois derniers numéros sont des croquis imprimés en Angle-

---

1. Il a été tiré quelques exemplaires après *le nettoyage des marges, sans croquis* par conséquent, et avant qu'on y ait gravé les mouettes ; l'artiste avait donné le cuivre au planeur pour abaisser un peu le ciel, l'ouvrier comprit mal, enleva tout le ciel et les marges en même temps. Buhot tira alors les quelques exemplaires que nous venons de signaler.

terre à la presse d'un amateur Mr R-L, on en a tiré 3 épreuves; ils manquent même à la collection de l'artiste qui n a pu s'en procurer d'exemplaires. — Les planches sont perdues.

137

LISEUSE A LA LAMPE

H. 0,181. — L. 0,131

Assise, près d'une lampe allumée avec son globe et posée sur une table, une jeune fille de profil à gauche tient entre ses mains un livre ouvert qu'elle lit.

1er État. — Eau forte pure, la partie à gauche très claire.

2e État. — Reprise de travaux pour assombrir la partie claire, léger grain d'aquatinte.

Planche zinc détruite.

138

AU BORD DE L'ÉTANG

H. 0,080. — L. 0,120

Près du bord d'un étang à gauche une maisonnette et deux personnages, l'un deux tient un parapluie.

1er État. — Eau forte très légèrement lavée, avec quelques lumières sur le bord de l'étang et à l'horizon, enlevées au pinceau.

2e État. — Reprise de travaux pour assombrir les personnages, le grain d'aquatinte beaucoup plus foncé, avec quelques blancs réservés au pinceau.

Planche perdue en Angleterre; il n'existe que deux épreuves dans la collection de Madame Buhot.

139

A BORD DU STEAMBOAT CHATHAM

H. 0,177. — L. 0,127.

Un pont de bateau à vapeur sur la passerelle duquel on voit de
dos le timonier près de sa roue; deux musiciens, un harpiste et un
violoniste; à gauche, une fillette assise sur un banc, et à droite sur
le tout premier plan également assis un homme coiffé d'un chapeau
à haute forme profilant à gauche et semblant somnoler; dans le
coin gauche et à l'intérieur de l'estampe tracé à la pointe : *Cha-
tham 6 7bre 79 à bord du Steamboat.*

Eau forte tirée à une seule épreuve. — Collection de Madame Buhot.

139 ^{bis}

CROQUIS D'APRÈS NATURE

H. 0,060. — L. 0,100

Chaumières à gauche avec arbres à droite.

*Petite planche aquatintée perdue en Angleterre; une seule épreuve dans la
collection de Madame Buhot.*

140

MOULIN A VENT PRÈS DE CHATHAM

Planche perdue en Angleterre ; pas d'épreuve.

141

UN PAYSAGE A L'AQUATINTE

H. 0,130. — L. 0,179

Une maison à gauche et à droite un personnage s'éloignant ;
attaques de roulettes sur le terrain, quelques blancs dans le ciel
enlevés au pinceau.

Planche tirée à 4 épreuves, perdue en Angleterre.

142

LES PÊCHEUSES DE MOULES

H. 0,170. — L. 0,243

Sur une grève parsemée de rochers, deux femmes baissées et
occupées à ramasser des moules, au fond de l'estampe un bateau
de pêche. En bas dans le coin gauche en dedans du trait carré le
nom de *Daubigny* écrit à l'envers. Dans le haut du coin droit dans
un cercle les lettres R. L.

*Eau forte pure d'après une esquisse de Daubigny, pièce tirée à 3 ou 4 épreuves
dont quelques-unes aquatintées. — Planche perdue.*

143

LA TRAVERSÉE

H. 0,320. — L. 0,240

Sur la passerelle du pont d'un bateau à vapeur, nombreux passagers ayant peine à se tenir par la violence du vent, au pied de l'escalier qui y conduit deux musiciens, un harpiste et une clarinette.

Marge du haut. — Bateau à vapeur et trois navires.

Marge de gauche. — Plusieurs personnages assis à l'abri du vent et de leurs parapluies, jeune femme à la jupe soulevée par la brise suivie de son chien.

Marge du bas. — A gauche passager et sa femme ayant le mal de mer, la femme a la tête au-dessus d'une cuvette qui est par terre; à droite d'autres personnages assis sans doute dans le salon du paquebot.

1er État. — Eau forte pure, à part cependant la fumée très opaque et très noire qui est obtenue par la pointe sèche non ébarbée et la roulette; traits de pointe également dans la jeune femme à la jupe soulevée, ainsi que dans les bateaux de la marge supérieure. Sans aucune lettre.

2e État. — La planche remordue et aquatintée, les barbes partout enlevées, reprise générale de travaux; à la gauche de la jeune femme de la marge, silhouette d'un personnage à chapeau à haute forme qui n'existait pas à l'état précédent. Presque perpendiculairement au-dessus de la harpe les mots: *A Holiday Rain Storm and Music.* Dans le bas du coin droit: *Cat Bᵗ nᵒ 143. La Traversée.*

Il a été tiré quelques contre-épreuves.

<h1 style="text-align:center">144</h1>

<h2 style="text-align:center">LA DAME AUX CYGNES</h2>

H. 0,130. — L. 0,180

Une jeune femme tête nue, en toilette de velours et de profil perdu à gauche se promène sur le bord d'un étang, elle est accompagnée de trois cygnes, un la précède et deux la suivent; à droite, à gauche et au fond des arbres. En bas à gauche en dedans du trait carré *F. B oct 1872* [1] et sous le trait carré à la pointe: *Souvenir de Barham Court (Kent Félix Buhot aq-forti from a Sketche by Mʳˢ E. V. B.*

1. Le chiffre 9 est renversé.

1er État. — La planche très claire sans aucune lettre, les arbres légèrement indiqués sans être ombrés, le ciel presque blanc, la robe à la pointe sèche non ébarbée.

2e État. — La planche très mordue et ombrée, un vol d'oiseaux dans le haut du ciel à gauche au-dessus des arbres. Dans le bas du coin gauche en dedans du trait carré *F. B. oel 1879.* (Le *9* est renversé.)

3e État. — Celui décrit.

Cette planche gravée en 1879 est détruite.

145

L'ORAGE

H. 0,150. — L. 0,225

Au pied d'une colline, à gauche charrette et chevaux dételés, ciel tourmenté par l'orage, moissons couchées par la tempête.

1er État. — Pointe sèche non ébarbée, tout le premier plan très vigoureusement accusé et noir, dans le haut de la marge de gauche deux profils de fillettes, sans aucune lettre. — 2 épreuves.

2e État. — Le ciel assombri par les hachures, le premier plan éclairci ; nouveaux croquis de têtes de jeunes filles ajoutés. En bas à gauche sous le trait carré à la pointe sèche : *Félix Buhot dry point ;* au milieu : *Hindley Heath Kensington Museum ;* à droite : *from L. Z. Geryiolle.*

3e État. — Toutes les lettres effacées.

Plusieurs épreuves d'essai à l'état d'unité. — Cette planche gravée d'après Constable est détruite.

146

LE PEINTRE DE MARINE

H. 0,130. — L. 0,207

Un peintre, un long bâton sous le bras et chargé de tout son attirail d'artiste, marche à demi courbé de droite à gauche sur le rivage, la mer semble se retirer devant lui, laissant à sec crabes, anguilles et poissons ; dans un ciel tourmenté volent de nombreux oiseaux qui semblent l'accompagner.

En haut de l'estampe dans le coin gauche dans un rayonnement le monogramme M. R. et une inscription à l'envers gravée en exergue presque illisible mais qui doit être : *21 R. de la Vieille Estrapade 2 Gelize Paris* (?) Dans le coin du bas à droite le monogramme gravé de l'artiste F. B. A. Q.

1ᵉʳ Etat. — Pointe sèche, état peu avancé, les flots à peine indiqués et le peintre *sans le long bâton* sous le bras. — 6 à 8 épreuves.

2ᵉ Etat. — Nombreux travaux, notamment dans le ciel, le bâton apparaît, la planche légèrement aquatintée.

Il a été fait de nombreux tirages donnant des aspects très différents et souvent très curieux, mais représentant toujours une quantité d'épreuves très limitée. — Planche détruite.

147

UN VIEUX CHANTIER A ROCHESTER

H. 0,120. — L. 0,280

Un chantier, sur le premier plan à droite un treuil sur un bâti en bois ; à gauche paniers, et manœuvre portant une barre sur l'épaule et se dirigeant vers des ateliers ; au fond la mer, moulin à vent et une forêt de mâts. En bas à gauche : *Félix Buhot Rochester 1879,* et au milieu : *Vieux Chantier abandonné.* Le reste illisible.

1ᵉʳ Etat. — La planche peu mordue, léger grain d'aquatinte ; le *manœuvre n'existe pas.*

2ᵉ Etat. — Remorsure très vigoureuse, nombreux travaux ajoutés, la forêt de mâts apparaît ainsi que le manœuvre qui se dirige vers la gauche.

Planche biffée après 20 épreuves.

148

LES VOISINS DE CAMPAGNE

H. 0,245. — L. 0,480.

Vu de dos, un couple abrité sous un même parapluie que tient la femme, se dirige vers une maison entourée d'une terrasse que surmonte une sorte de clôture en bois ; l'homme qui est à gauche s'appuie sur sa canne et tient de la main gauche une lanterne allumée, il lève la jambe gauche pour éviter une flaque d'eau ; un petit chien suit. A droite et à gauche du chemin, arbres et piliers surmontés d'urnes. Le ciel est très sombre et le vent souffle ; dans l'estampe à droite on lit : *Novembre 18..*

1ᵉʳ État. — La planche claire ; très sommairement esquissé, aucune ombre n'est portée sur les terrains. A droite au-dessus de Novembre 18... on lit à la pointe tracé d'une manière faible et indécise : *Félix Buhot*. — 2 épreuves.

2ᵉ État. — Le cuivre rogné en hauteur ne mesure plus que 0,134 ; la planche remordue, et la morsure curieusement dirigée donne l'aspect d'un grain d'aquatinte, le nom de *Félix Buhot* a disparu. La marge de gauche remplie de croquis tracés d'une pointe extrêmement superficielle, tels que : deux têtes de femme..... un portrait dans un médaillon.

3ᵉ État. — Après la remorsure sur eau forte et pointe sèche. celle-ci à peine ébarbée, nouveaux travaux notamment dans la maison, au bas de la marge gauche on lit les lettres : DE et au-dessous d'elles le monogramme gravé *F. B.* puis à la pointe très légèrement *Félix Buhot inv. sc ;* au milieu de la marge du bas finement esquissé une sorte de coquille.

4ᵉ État. — Les croquis de gauche repris et accentués, ainsi que la coquille qui se trouve au milieu de cette légende très superficiellement tracée : *Les Voisins de Campagne souvenir de Basse Normandie* ainsi que la mention : *Épreuve d'artiste.*

5ᵉ État. — Les croquis apparaissent dans la très étroite marge de droite.

Il existe quelques tirages sur parchemin.

149

LES PETITES CHAUMIÈRES

H. 0,195. — L. 0,135

Au fond à droite chaumières entourées de clôture ; sur le premier plan une bande d'oies se dirigeant vers la droite. Une femme est assise près de la clôture de gauche. En bas en dedans du trait carré à gauche : *Félix Buhot 1878.*

1er État. — Les oies du premier plan sont si sommairement indiquées, qu'on peut les considérer comme n'existant pas, on les devine, sachant qu'elles y figureront plus tard. Le toit de la chaumière de droite n'est pas ombré. Pas de signature.

2e État. — Reprise de travaux pour ombrer les toits avec un léger nuage d'aquatinte sur ceux-ci. Les oies apparaissent ainsi que la signature : *Félix Buhot 1878*, à la pointe sèche non ébarbée.

3e État. — Le cuivre rogné dans sa hauteur ne mesure plus que 0,100 ; toute la planche est aquatintée, mais d'un aspect lourd et confus, les oies absorbées sous le grain ressortent peu.

4e État. — La planche très éclairée ; deux petits nuages légers formés par une touche de lavis s'élèvent au-dessus de la chaumière dont la cheminée fume. Les oies se détachent en blanc avec une grande netteté, la coiffe de la femme assise et surtout les pierres de clôture vigoureusement éclairées d'un coup de tortillon.

Quelques épreuves ont été, croyons-nous, tirées sur papier essencé, certaines d'entre elles présentent suivant l'expression très juste de M. H. Béraldi l'aspect d'une lithographie brouillée. L'artiste a également tenté quelques essais à deux tons, une de ces très rares épreuves, fort curieuse d'impression, est dans notre collection.

150

LES GRANDES CHAUMIÈRES

H. 0,140. — L. 0,274

Plusieurs chaumières entourées de clôture et d'arbrisseaux ; sur le premier plan, au milieu de l'estampe, un petit mur bas presque perpendiculaire aux maisons, à droite une charrette à deux roues dételée.

1er État. — Pointe sèche et eau forte : le premier plan clair presque vide de travaux, à gauche indiqué très superficiellement au simple trait la silhouette d'un mouton paissant. — 4 épreuves.

2e État. — Reprise de la planche à la pointe sèche non ébarbée, notamment dans les premiers plans du terrain, la charrette, le ciel ; le mouton a été effacé.

3e État. — Avant la remorsure le ciel retravaillé est plus nuageux.

4e État. — La planche remordue, le ciel repris est redevenu presque clair, les parties de terrain *qui longent* les chaumières *très éclairées*, les flancs de la murette vigoureusement recouverts à la pointe sèche non ébarbée pour les assombrir et donner, par contraste, de la lumière aux pierres plates qui en forment la crête. Travaux à la pointe non ébarbée dans la toiture de la grande chaumière de gauche.

5e État. — Le ciel encore retouché légèrement à la pointe sèche, les travaux de la murette ont été ébarbés et de ce fait éclaircis.

Il n'y a guère que deux états bien tranchés, le 1er et le 4e ; cette estampe ne porte de signature dans aucun de ses états ; gravée en 1881, la planche est actuellement détruite.

151

LES BERGERIES, SOLEIL COUCHANT

H. 0,130. — L. 0,270

A gauche, des chaumières derrière lesquelles se couche le soleil ; au premier plan trois moutons, au second une bergère près d'une clôture et au milieu de son troupeau.

1er État. — Eau forte et pointe sèche avec ses barbes, les terrains du premier plan vide de travaux. En bas le monogramme *gravé* de l'artiste. — 4 épreuves.

2e État. — Travaux ajoutés dans les terrains des premiers plans, la bergère a été reprise ainsi que le ciel, la masse noire des toitures encore accentuée avec la pointe.

3e État. — Les rayons de soleil à gauche apparaissent indiqués au tire-ligne.

4° Etat. — La planche a été remordue, les rayons solaires presque effacés, le ciel éclairci mais légèrement lavé à droite, retouches dans les moutons et la bergère. Le monogramme a disparu.

Planche gravée en 1881, actuellement détruite. L'artiste avait eu l'intention de remanier son cuivre et d'effacer les trois moutons du premier plan qui ne le satisfaisaient pas, la mort, hélas ! ne lui en a pas laissé le temps !

152

LA CHAPELLE SAINT-MICHEL A L'ESTRE [1]

H. 0,140. — L. 0,270

Deux collines séparées par une vallée, sur le sommet de celle de gauche, dans le lointain, la chapelle Saint-Michel. Au premier plan quelques arbres, à l'horizon la mer.

1er Etat. — Eau forte pure. Dans le bas à droite en dedans de l'estampe on lit gravé à l'envers : *Chapelle « Saint-Michel » de l'Estre = Manche 7bre 1881.*

2° Etat. — Retouche de pointe sèche à la colline de droite pour en modifier l'aspect, quelques taches d'ombre disséminées sur le terrain à la pointe sèche non ébarbée ; sur le premier plan à droite, une vieille appuyée sur un bâton apparait portant des fagots sur son dos.

3° Etat. — Reprise de toute la planche pour accentuer les mouvements de terrain par les ombres, la vieille plus modelée et le ciel retouché tout à fait à gauche.

4° Etat. — Légère retouche à la chapelle, ainsi que dans la partie de terrain à droite derrière la vieille femme, qui a été ombrée davantage.

Planche détruite.

152 bis

LA MÊME

Eau forte pure sur zinc, a été détruite après une vingtaine

1. Près de Quineville (Manche).

*d'épreuves ; cette planche n'est pas en tous points semblable à la
précédente, il existe de légères modifications ; ainsi la vieille aux
fagots n'y figure pas, pas plus que le texte gravé à l'envers.*

153

LA PETITE MARINE. — SOUVENIR DE MEDWAY

H. 0,169. — L. 0,247

Le rivage à droite ; à gauche sorte de pilotis en bois sur lesquels
vu de dos un homme est assis regardant la mer, et un bateau toutes
voiles dehors, allant de droite à gauche. Sur la rive, fichés en
terre, de gros poteaux servant pour l'amarrage. En bas à droite
en dedans du trait carré : *Rochester 1879* et le monogramme *gravé*
de l'artiste.

1er État. — Eau forte pure ; le ciel clair et sommairement indiqué. Un seul gros
poteau d'amarrage, au dernier plan on croit distinguer deux personnages dont l'un,
celui de gauche, a son parapluie ouvert.

2e État. — Tout le ciel repris à la pointe sèche. Un second poteau d'amarrage
ajouté, les deux personnages ombrés.

3e État. — La planche remordue, un grain d'aquatinte dans le ciel et le terrain du
tout premier plan à droite ; au dernier plan encore à droite, un mince poteau apparaît ainsi que la silhouette indécise d'un moulin à vent ; les deux personnages ont
disparu pour faire place à un pêcheur muni d'un bâton ? ou un chasseur armé d'un
fusil (?)

4e État. — Le ciel très éclairci dans la partie au-dessus du bateau, à l'horizon de
gauche, une tour apparaît.

5e État. — La planche très vigoureusement aquatintée dans les terrains du premier plan, les voiles assombries et la mer éclaircie près du bateau par des enlevées
au pinceau. Tout à fait dans le haut du ciel à droite, un petit nuage noir obtenu à la
roulette. Le pêcheur ou le chasseur repris présente actuellement la silhouette d'un
moulin à vent.

*Il y a eu de nombreuses épreuves d'essai de cette planche actuellement
détruite.*

154

LE PETIT ENTERREMENT

H. 0,173. — L. 0,114

Au fond de l'estampe un arc-en-ciel, un corbillard sur le siège duquel 'émerge le cocher vu de dos, suivi d'une foule nombreuse s'abritant sous des parapluies ; au premier plan deux jeunes femmes marchant sur la pointe du pied, violemment poussées en avant par la rafale, en haut à gauche de l'estampe un candélabre à trois branches et un hibou encadré dans les lettres *F. B* à l'envers.

Ier Etat. — Eau forte pure ; les premiers plans vides de travaux ; dans la partie inférieure du cuivre délimitée par un trait, quelques griffonis très confus à la pointe sèche, et attaques de roulette.

2e Etat.— Le cuivre rogné dans sa hauteur ne mesure plus que 0,087 ; la planche remordue et reprise, l'arc-en-ciel se détache plus net, un grain d'aquatinte sur toute la planche avec réserves de lumière près des deux jeunes femmes du premier plan.

Il a été tiré de cette planche outre les épreuves en noir, une certaine quantité en bleu et en bistre.

155

WESTMINSTER PALACE

H. 0,296. — L. 0,396

A gauche le palais de Westminster, à droite au fond le pont. Sur la Tamise plusieurs gabares, l'une dont on n'aperçoit que l'avant au tout premier plan à gauche n'est que très légèrement indiquée autrait. Presque au milieu de l'estampe en de dans du trait carré : *Félix Buhot 1884.*

Marge de droite. — Une statue de profil à droite, une haute colonne, sans doute le monument de Nelson, un homme à cheval en costume d'autrefois.

Marge du haut. — Un vieux vaisseau, un carrosse de l'ancien temps, un écusson, une épée, trois oiseaux volant, une femme en prière à genoux de profil à droite, un hibou est perché au-dessus d'elle.

Marge de gauche. — Silhouette d'église occupant presque toute la hauteur de la marge.

Marge du bas. — Suisse d'église vu de dos, écusson représentant les armes de l'Angleterre au-dessous la carcasse d'une galère, un dauphin, un seigneur du temps donnant le bras à sa femme dont la traîne de la robe est soutenue par un petit page, près du suisse on lit gravé : *Westminster Palace London.*

1ᵉʳ Etat. — Le palais encore peu ombré. L'écusson de la marge supérieure n'existe pas, celui du bas représentant les armes d'Angleterre est tiré *en vermillon.*

2ᵉ Etat. — Le cuivre rogné en hauteur ne mesure plus que 0,291 ; la planche remordue, le palais très ombré. A la place qu'occupera l'écusson dans les états ultérieurs, on distingue actuellement un médaillon ovale dans lequel se profile à droite le *portrait* de la Reine Victoria.

3ᵉ Etat. — Le ciel a été repris ainsi que la gabare du tout premier plan près de laquelle ou voit actuellement à gauche *deux autres gabares* plus petites. Le médaillon avec la tête de la Reine Victoria disparaît sous les travaux d'un nouvel écusson.

4ᵉ Etat. — Retouches du ciel dans la partie droite à la pointe sèche.

5ᵉ Etat. — Le cuivre rogné de nouveau encore en hauteur ne mesure plus que 0,289. Nouvelle retouche générale au ciel pour l'éclaircir, ainsi que dans les croquis de la marge du haut à droite, notamment dans les deux tours qui se trouvent au-dessus du cocher qui conduit le carrosse à deux chevaux. Dans la marge du bas on lit : *Westminster Palace London in progress for..* Les mots *in progress for* n'existent que dans *les premières épreuves* tirées de cet état, ils ont été effacés dans la suite.

Cette estampe a figuré au Champ-de-Mars lors de l'Exposition universelle de 1889, sous le n° 2389.

156

WESTMINSTER BRIDGE

OU : WESTMINSTER CLOCK TOWER

H. 0,296. — L. 0,396

Entrée du pont de Westminster très animée par les piétons et les voitures, au fond légèrement à gauche se détache avec netteté dans toute sa hauteur la Tour de l'Horloge ; du même côté, important bâtiment surmonté d'une sorte de clocheton, et à droite échafaudages sur lesquels on lit : *This desirable to let.*

Marge de droite. — Escalier en bois descendant au tunnel qui passe sous la Tamise, canot, bateau à vapeur, trois mâts.

Marge du haut. — Un pont, la Tamise, bateaux, coupole de Saint-Paul et constructions qu'éclaire la lune dans son plein.

Marge de gauche. — Clocher, dôme, silhouette d'homme portant un éteignoir au bout d'un long bâton.

Marge du bas. — Homme d'équipe élevant une lanterne allumée, vue de l'entrée du tunnel, hibou planant et tenant suspendu un falot, nombreux voyageurs descendant l'escalier de bois et se précipitant en avant pour prendre le train ; dans cette marge à droite aux pieds de l'homme à la lanterne on lit : *Clock Tower London ;* et sous le falot du hibou : *Under Ground.*

1er État. — L'omnibus de maître du milieu du pont peu ombré, les deux ou trois personnages qui se trouvent immédiatement derrière à droite, n'existent pour ainsi dire pas, tant ils sont superficiellement indiqués ; tout à fait à gauche au premier plan près du Hansom [1] esquisse d'un personnage à chapeau à haute forme muni d'un parapluie à peine indiqué. Dans la marge du bas à gauche sous l'arche du tunnel, il n'y a pas encore de locomotive, et le falot que tient le hibou n'est indiqué qu'au trait.

2e État. — Reprise de travaux dans l'omnibus pour l'ombrer, les personnages qui sont derrière sont nettement indiqués, l'homme au chapeau à haute forme est devenu

1. Sorte de cab très particulier qui porte le nom de son inventeur le capitaine Hansom, où le cocher conduit de son siège qui est placé derrière la capote.

une femme avec chapeau plat et rond et un parapluie bien accusé dans la main droite ; le ciel a été retouché et des travaux de roulette et de pointe sèche y ont laissé comme une tache ronde au milieu de l'estampe. Dans la marge du bas, à gauche du hibou à la lanterne la locomotive apparaît et les arêtes de la lanterne ont été accentuées à la pointe sèche ; dans la marge supérieure traînées de roulette horizontales pour masquer les bâtiments qui s'élèvent à gauche du dôme de Saint-Paul. Le cuivre rogné en hauteur ne mesure plus que 0,283.

3ᵉ État. — Le ciel est nettoyé : au premier plan, entre le Hansom et l'omnibus, on distingue maintenant un groupe de cinq personnages, la femme au parapluie à gauche est effacée, toute la planche très éclaircie. Dans la marge du bas tout à fait à gauche, l'homme d'équipe tenant la lanterne de la main droite apparaît, ainsi que tous les autres croquis signalés à l'état décrit.

4ᵉ État. — De la lumière jetée entre voitures et promeneurs, avec léger grain sur toute la planche, plus foncé de ton au premier plan, pour faire repoussoir aux clartés ; le ciel très obscurci présente à gauche une tache ayant presque la forme d'un *ballon.* La locomotive à gauche du hibou, effacée est actuellement à peine visible, toutes les marges sont aquatintées.

5ᵉ État. — Nombreuses reprises de travaux, l'éclairage très atténué, notamment dans le groupe du premier plan entre le Hansom et l'omnibus, où il n'existe plus que trois personnages bien distincts, un monsieur à chapeau à haute forme, une femme et un homme du peuple courbé, un panier passé au bras droit. Dans la marge inférieure à gauche : *Clock Tower London* et au milieu sous le hibou à la lanterne : *Under Ground.*

6ᵉ État. — Le ciel nettoyé, toute la planche et les marges éclaircies ; état décrit.

Il existe de nombreuses épreuves d'essai et d'états intermédiaires, ainsi que quelques très rares exemplaires à deux tons caractérisant bien par un tirage spécial l'atmosphère un peu lourde du climat londonien. Cette estampe, qui fait pendant à la précédente, a figuré au Champ-de-Mars à l'Exposition universelle, sous le nº 2390.

157

ENVIRONS DE GRAVESEND

H. 0,258. — L. 0,350

Sur la Tamise très large en cet endroit, on aperçoit à gauche un énorme ponton ; au milieu, bien en lumière, un bateau à vapeur remorquant un trois mâts avec sa voilure ; au fond un autre trois mâts, et sur le premier plan à droite des gabares à bord desquelles se trouvent deux hommes assis, et un autre pêchant sur l'avant ;

sur le quai, tournant le dos, un homme appuyé sur une sorte de cabestan. Au bas de l'estampe à droite dans la planche : *Souvenir de la Tamise. Environs de Gravesend.*

1ᵉʳ État. — Eau forte et pointe sèche non ébarbée, la mer et le haut du ciel très clairs ; sur le quai *un seul homme* les mains dans les poches, vu de face et coiffé d'un chapeau spécial dit *surouest* ; les gabares, le quai, l'homme au chapeau très vigoureusement accusés en noir par une morsure profonde et les barbes de la pointe sèche. — 4 épreuves.

2ᵉ État. — Toute la planche aquatintée ; un *deuxième* personnage apparaît sur le quai derrière le premier, ainsi que les initiales *F. B.* à la pointe sèche avec un paraphe.

3ᵉ État. — Le second personnage a son chapeau effacé et est nu tête.

4ᵉ État. — Les deux hommes du quai ont disparu pour faire place à un autre homme vu de dos et coiffé d'un haut chapeau, il est appuyé sur un cabestan. Les blancs des voiles et du tambour du remorqueur enlevés au tortillon. Le ciel a été repris et assombri par l'aquatinte. Au bas à droite à la pointe : *Souvenir de la Tamise. Environs de Gravesend.* Les initiales *F. B.* ont été effacées.

5ᵉ État. — Le ciel a été éclairci, ainsi que les premiers plans de droite.

6ᵉ État. — Reprise de travaux dans le cabestan et l'homme qui y est appuyé, quelques mouchetures de pointe sèche non ébarbée qui se trouvaient dans le ciel à l'état précédent, ont disparu.

L'artiste désignait souvent cette estampe sous la rubrique de La Grande Marine *ou quelquefois encore, mais plus rarement, sous celle de* L'Embouchure de la Tamise [1]. — *Il existe un état intermédiaire tiré à 2 épreuves portant gravé dans le bas à droite : Cat nᵒ 157, et quelques épreuves sans les personnages sur le quai.*

158

MATINÉE D'HIVER SUR LES QUAIS

H. 0,266. — L. 0,350

Sur les quais ruisselant de pluie à droite une station de fiacres

1. C'est cette pièce, croyons-nous, et nous ne savons comment nous l'expliquer, qui très probablement a été inscrite au catalogue officiel du Salon de 1880 sous la rubrique *L'Ecluvier de la Tamise*, titre dont ne s'est cependant jamais servi l'artiste pour la désigner.

Nous signalerons également une autre erreur qui s'est glissée dans le livret de 1880, où, sous le nᵒ 6936, il est fait mention d'une eau forte intitulée *Les Environs de Hastings*, qui n'a jamais existé. Hâtons-nous d'ajouter que la reproduction donnée par M. Uzanne dans *Le Livre*, en mars 1888, d'une petite pièce intitulée *Hastings 1881* et qui pourrait établir ici une confusion, a été faite non d'après une eau forte, mais bien d'après une *étude originale*, et que Madame Buhot, à l'heure actuelle, *possède cet original*, ainsi que les clichés photographiques sur cuivre qui ont servi à la reproduire dans *Le Livre*.

(il y en a trois) et de hautes maisons. Un couple avec lequel semble parlementer un gardien de la paix se dirige vers la seconde voiture où le cocher dort sur son siège. Au milieu de l'estampe et à gauche plusieurs balayeurs, celui du milieu qui tourne le dos a une casquette de fourrure.

En bas à gauche en dedans du trait carré : *Un quai de Paris. Matinée d'hiver* Pl. 2.

*1*⁰ *État.* — Eau forte pure, absolument au trait et partant très claire. La légende : *Un quai de Paris*, etc... et presque au milieu de l'estampe ces mots : *Biseau du cuivre*. Le mot *Biseau* encore répété le long du trait carré de gauche. Il y a actuellement *quatre* fiacres.

*2*⁰ *État.* — La planche ombrée dans quelques parties. Les mots : *Biseau du cuivre* disparaissent presque sous des croquis de hiboux, bouteilles et rouleaux de papier.

*3*⁰ *État.* — La planche encore plus avancée dans les ombres, très particulièrement dans les voitures, le bas de l'estampe au-dessous du trait carré lavée d'aquatinte. Quelques taches d'acide dans le haut à droite et à gauche.

*4*⁰ *État.* — La planche aquatintée et coupée en hauteur ne mesure plus que 0,250. Reprise générale de toute la planche à la pointe sèche en manière de crayon : le ciel et le terrain vigoureusement travaillés à la pointe et à la roulette, l'aspect général est sombre, à part quelques coups d'éclairage sur les terrains du milieu de l'estampe et sur le dos du balayeur du premier plan. Il n'y a plus que *trois* fiacres.

*5*⁰ *État.* — Le ciel nettoyé ainsi que le terrain, la planche très éclaircie, les chevaux du premier et du second fiacre sont blancs, les réverbères allumés se reflètent sur le terrain trempé, on distingue nettement la fumée qui s'échappe de la pipe du balayeur à la toque de fourrure.

Il y en de nombreuses épreuves d'essai de ce cuivre actuellement détruit. Cette estampe a beaucoup d'analogie avec le n⁰ 143: Les Fiacres ; cette dernière a un seul cheval à sa voiture, tandis que celle que nous venons de décrire en a deux.

159

CONVOI FUNÈBRE AU BOULEVARD DE CLICHY

H. 0,298. — L. 0,399

A gauche une voiture de deuil suit un cercueil ; en haut du même côté une lune blafarde, que vient couper une branche où sont perchés des hiboux ; sur le mur d'un bâtiment on lit : *A la Place Clichy*. En bas à gauche ces vers :

Insouciant Flaneur, ennemi des Chloroses
Ce Croquemort défunt trouvait plaisant de voir
Sur des ciels Parisiens aux tons bleus gris ou roses
Deux ou trois corbillards se détacher en noir

Félix Buhot 1887.

Marge du haut. — Un vol de cigognes.

Marge de gauche. — Une cigogne et quelques fleurs éparses.

Marge du bas. — Une fleur et quelques feuilles.

Marge de droite. — Une cigogne et quelques attaques de roulette et de pointe sèche.

1" État. — La planche aquatintée sans couleur. Les marges vierges de croquis et avant les vers.

2° État. — Les croquis et les vers apparaissent. La planche retravaillée et le grain très accentué dans la caisse de la voiture de deuil pour l'assombrir, travaux de hachures sur le dos du personnage du milieu de l'estampe, coups de roulette sur le terrain pour simuler l'ombre des roues, des jambes des chevaux et des personnages. La cheminée qu'on aperçoit au fond de l'estampe laisse échapper un large panache de fumée.

3° État. — Les ombres portées par la roulette presque effacées, la fumée de la cheminée moins intense, la lune plus pâle, le ciel devenu d'un gris cendre et rose d'une extrême délicatesse de coloris, en un mot toute la planche d'une gamme beaucoup plus douce et enveloppée qu'à l'état précédent où la tonalité se montrait crue et heurtée.

Cette pièce est tirée à l'aide de deux cuivres comme l'attestent du reste les points de repérage visibles dans les quatre marges. Quelques épreuves d'essai ont été tirées avec de fausses marges, entre autres quatre avec marges dorées, dont une de celles-ci dans notre collection. Ces marges sont vierges de croquis.

160

LES ESPRITS DES VILLES MORTES

H. 0,288 — L. 0,390

Sur le premier plan, un hibou volant de face, longue file de per-

sonnages se dirigeant vers la gauche ; au second plan une croix,
ville fortifiée, remparts. tourelle. clocher, dans le ciel et dans un
rayonnement de lumière les esprits de ces villes gagnant les célestes
demeures. Tout à fait à droite un hibou perché.

1er État. — Eau forte avec vigoureuses attaques de pointe sèche non ébarbée dans
les murs des fortifications. Les personnages du premier plan, le hibou etc... n'existent pas, pas plus que la première ceinture de remparts. Au milieu de l'estampe
légèrement indiquée la silhouette d'un cheval galopant.

2e État. — Le cheval galopant est effacé, la première ceinture fortifiée esquissée.
les personnages du premier plan apparaissent. ainsi que la croix et les deux hiboux.

3e État. — Le ciel repris, les rayons lumineux indiqués au tire-ligne, toutes les
fortifications modelées à la roulette : nombreux travaux, notamment sur les hiboux.
A gauche, un long et mince nuage noir. sorte de stratus, s'étend au-dessus de la ville.

4e État. — La première ceinture des fortifications reprise, se détache très nettement, la file des personnages est devenue plus nombreuse et s'allonge vers la droite.
Toute la planche enveloppée à la pointe sèche et légèrement aquatintée. Le nuage
noir a disparu et les clochers sont presque effacés. Dans le ciel en haut tout à fait à
gauche, et à droite et dans les figures qui s'y meuvent, dans les fortifications, etc...,
touches vigoureuses de pointe sèche non ébarbée formant des paquets d'un noir
intense.

5e État. — La planche ébarbée et le grain d'aquatinte plus accentué a donné de la
blondeur à l'estampe, en atténuant sa clarté.

*Il a été tiré quelques très rares épreuves avec fausses marges remplies de cro-
quis et portant cette légende :*

> Au dessus des Monts à travers les prés
> Les vents apaisés du soir
> Nuages de feu des cieux diaprés
> Perisprits humains nous venons revoir
> Légères cohortes qu'emportent
> Les vieux clochers des villes mortes.

*Trois exemplaires d'essai avec marges dorées ont été également tirés, dont un
dans notre collection. Ce cuivre a été gravé en 18.6 : cette estampe ne porte de
signature dans aucun de ses états. Cette pièce qui a figuré au Champ-de-Mars
à l'Exposition universelle de 1889 sous le n° 2301 est, d'après le dessin frontispice, de Les Rayons et les Ombres, dessiné par l'artiste pour illustrer les
œuvres de Victor Hugo, projet qui n'a pas reçu son exécution.*

161

LE HIBOU

H. 0,445. — L. 0,324

A gauche un gros hibou de trois quarts à droite, tenant entre ses griffes un livre fermé sur lequel il est perché, un autre volume plus grand est ouvert près de lui. Une lucarne au fond laisse passer la lumière, des oiseaux noirs voltigent autour de lui. Une petite lampe normande accrochée au mur de droite. Ce motif principal est entouré d'un trait carré sous la partie inférieure duquel on lit en gros caractères : *Pauca Paucis*.

Marge du haut. — Dans une énorme lune qui occupe le milieu de la marge, des oiseaux perchés sur un fil de fer, une femme coiffée d'un immense chapeau, vue de dos, joue de la guitare ; à gauche cheminées, estacade, clocher, etc.

Marge de gauche. — Grosse lanterne munie d'un verre convexe, suisse montant les marches d'un escalier à peine esquissé, fiacre avec le cocher endormi sur son siège.

Marge du bas. — Vieille femme assise de face sur un banc et repliée sur elle-même, une silhouette de palette au-dessus de sa tête, sa main droite tient une longue plume d'oie dont l'extrémité plonge dans un flacon ; sa main gauche, le bol qu'elle a posé sur ses genoux. A droite de la vieille, un homme assis et coiffé d'un chapeau à haute forme, joue de la clarinette.

Marge de droite. — Un immense navire dont on n'aperçoit que la proue, et le profil d'un viaduc traversé par un train.

1ᵉʳ Etat. — Les marges à la pointe sèche non ébarbée ; sous la vieille femme, qui tient une longue plume d'oie, dont l'extrémité manquant de direction ne trempe pas dans l'encrier, on lit en gros caractères : *1883*. Le motif principal, eau forte pure, n'est pas ombré, à l'exception cependant d'une légère partie près des pattes du hibou, qui l'est à la pointe sèche non ébarbée.

2ᵉ Etat. — Les marges sont ébarbées et présentent de violentes attaques de roulette, principalement dans celle de gauche et dans la marge inférieure, ainsi que des hachures dans la palette qui est au-dessus de la tête de la femme ; à droite en bas apparaît la toiture d'une chaumière. Le sujet principal très ombré, un grain sur le hibou, la petite lampe est allumée.

3ᵉ État. — Les marges tirées en bistre, les attaques de roulette de la marge inférieure effacées. La plume redressée trempe maintenant dans le flacon. Sous le hibou sont gravés les mot : *Pauca Paucis.* — 8 épreuves.

4ᵉ État. — Les marges lavées d'un grain extrêmement foncé et enveloppées à la pointe sèche, beaucoup de distribution de lumière à l'aide du tortillon et du pinceau ; un vol de goëlands blancs dans le haut de la marge de droite. Le sujet principal n'a pas été sensiblement modifié.

Cette estampe, qui ne porte de signature dans aucun de ses états, devait servir de frontispice à une édition que l'artiste se proposait de publier de certaines de ses œuvres. — La planche est détruite.

162

LE PORT AUX MOUETTES

H. 0,245. — L. 0,354

Nombreux navires et sur le tout premier plan, mouettes à l'eau et volant.

Marge de droite. — Navires, mouettes volant et au repos, un canot échoué.

Marge du haut. — Au fond la silhouette de Saint-Malo, un navire et un bateau à vapeur et de gros goëlands blancs volant.

Marge de gauche. — Dans le haut du coin la lune, petits bateaux à peine esquissés, profil de navire dont on ne voit que le beaupré et le mât de misaine, un coquillage.

Marge du bas. — Homards, coquillages, panier à poissons, poissons et encore des mouettes.

1ᵉʳ État. — Les marges légèrement lavées, celles du bas et du haut vierges de croquis. Le motif principal, eau forte pure, les navires ne sont pas ombrés.

2ᵉ État. — Un oiseau apparaît dans la marge du bas à droite. Les bateaux du fond repris et ombrés, la planche légèrement lavée avec quelques enlevées de lumière sur la mer, au pinceau.

3ᵉ Etat. — Tous les croquis dans les marges indiqués à l'état décrit, sauf la silhouette de Saint-Malo et le bateau à vapeur. Le ciel est balafré à la pointe sèche en manière de crayon.

4ᵉ Etat. — Toute la planche aquatintée, avec les blancs des goëlands et les lumières sur la mer, réservés au pinceau ; Saint-Malo et le bateau à vapeur apparaissent. Le trait carré du haut qui délimitait le sujet principal a été rabaissé de 0,024 pour donner un peu plus d'ampleur à la marge supérieure. Dans le bas du coin à gauche en dedans du trait carré : *Félix Buhot 1886.* (Le *6* est renversé).

Cette planche, dont l'artiste n'était pas entièrement satisfait, avait été momentanément abandonnée, il comptait la reprendre plus tard pour la mettre définitivement au point.

163

LA PLACE DES MARTYRS ET LA TAVERNE DU BAGNE

H. 0,340. · L. 0,449

Une construction rectangulaire basse, à façade grillée adossée à de hautes maisons, représentant la taverne de Maxime Lisbonne, l'ancien membre de la Commune ; à chaque extrémité s'élève sur la toiture un petit pavillon avec lanterne ; sur toute la longueur de la façade au-dessus du grillage et coupée en deux par la porte d'entrée, au-dessus de laquelle sont gravées les lettres *T. F.*, on lit à gauche : *Voi che intrate lasciate ogni speranza;* et à droite : *Et cependant on en revient. Maxime Lisbonne.* En haut à droite sur le mur de la maison du fond, en gros caractères : *Taverne du Bagne.* Sur la place, nombreuse populace, à droite surtout dans la partie la plus éclairée. A droite et à gauche des arbres. C'est le soir, l'établissement est brillamment éclairé à l'intérieur. En bas et à droite : *Félix Buhot — Nov. 1885.*

Marge de droite. — Lanterne, esquisse d'homme en long vêtement, un garçon forçat tenant un bock et un boulet, silhouette de la Conciergerie (?)

Marge du haut. — Oiseau en plein vol, un canot, et paquebot partant sans doute pour la Nouvelle !

Marge de gauche. — Une tête sous laquelle on voit tracées les lettres *T. F.* entre deux knouts en croix, un garde-chiourme, une chope à bière à couvercle d'étain.

Marge du bas. — Un livre ouvert, une longue pipe et ces vers sur deux colonnes écrits par M. Jean Le Fustec :

Pendant qu'ils sont là-bas rivés à des labeurs
Éternels, par la griffe implacable des chaînes
Ayant sur eux la Chiourme au dedans des gehennes
Et crachant en jurons immondes leurs rancœurs.

O Forçats ! Tout le Bien que leur misère inspire,
C'est de battre la caisse avec ces désespoirs.
Ici dans un boulet, le Passant trouve à rire
Et la chaîne en gros sous tinte sur les comptoirs.

Au milieu de la marge, et séparant ces strophes, un forçat enchaîné ayant à ses pieds un animal chimérique, et tout à fait à droite un vieil homme portant écrit sur lui en travers : *O forçats !*

1ᵉʳ État. — Eau forte pure avant l'aquatinte (effet de jour). Dans les marges encore très peu de croquis.

2ᵉ État. — La planche vigoureusement remordue avec reprise de travaux, notamment dans le ciel, les maisons du fond, les arbres de droite et de gauche, et les premiers plans du terrain sur lequel on distingue quelques légères touches d'aquatinte ; les croquis des marges comme à l'état décrit, sauf cependant dans celle de gauche, où *la tête* qui doit se trouver au-dessus des knouts en croix, *n'existe pas encore.* — Effet de nuit.

3ᵉ État. — Toute la planche très enveloppée et aquatintée, après éclaircissement des parties reprises à l'état précédent et légères retouches ; dans la marge *la tête apparaît.* — Effet de nuit bien caractérisé.

Il a été tiré quelques exemplaires en bistre transparent. Planche détruite. Cette pièce est la dernière cataloguée par M. Henri Béraldi dans Les Graveurs du XIXᵉ siècle.

164

FRONTISPICE POUR

LES GRAVEURS DU XIXᵉ SIÈCLE, DE HENRI BÉRALDI

H. 0,247.   L. 0,177

Sur le boulevard deux hommes-annonces promènent leurs écri-
teaux; sur celui de droite on lit : *Les Graveurs du XIXᵉ Siècle par
Henri Béraldi; Conquet éditeur;* en haut les initiales *H. B* et au-
dessus d'elles un hibou perché fumant une pipe, dans la fumée de
laquelle apparaît une légion d'êtres fantastiques, le bonhomme
porte en plus, inscrit sur la boîte qu'il a sur le dos, l'inscription :
Huber tond les... coupe les chats et va t'en ville; sur l'écriteau de
gauche, représentant un livre ouvert, on lit : *Tom... IV;* un chien
assis de profil à droite, est près de l'homme qui le porte ; à gauche
de l'estampe une maison sur le mur de laquelle se détache :
Affiches Cheret Maindron. Au bas en dedans du trait carré à
gauche : *Félix Buhot inv. sc.*

1ᵉʳ État[1]. — Eau forte pure très claire, sur le mur de la maison de gauche on lit :
Photographie artistique. Dans le coin du bas de la marge de gauche un chien, dans
celle de droite sur un piédestal un personnage coiffé à la Louis-Philippe, à ses pieds
un casque de pompier et cette dédicace malicieuse : *A Burin.* — 6 épreuves.

2ᵉ État. — Planche remordue et plus ombrée, les trois premières lettres du nom
de *Conquet* apparaissent à quelques lignes au-dessous de *Photographie artistique;*
deux nouveaux traits encadrent le sujet principal. Fortes hachures derrière le chien,
traits de pointe sèche près de l'homme au piédestal. — 6 épreuves.

3ᵉ État. — Les mots *Photographie artistique* et le double trait ont disparu ainsi
que le chien, par suite de la rognure du cuivre qui ne mesure plus que 0,217 sur
0,147. — 2 épreuves[2].

4ᵉ État. — La planche reprise brutalement à la pointe sèche non ébarbée pour y
indiquer les taches d'ombre, surtout dans la maison de gauche sur laquelle on lit
actuellement: *Paris Affiches Cheret Maindron.* Les croquis des marges également

1. Pour essayer d'être clair en cataloguant les états de ce *Frontispice* qui en compte *sept*, nous avons
cru devoir être extrêmement concis en nous contentant d'indiquer purement et simplement *une des caractéristiques* de chaque état en commençant 1º par le sujet principal 2º par les marges ; nous éviterons ainsi
des longueurs et des redites, ce dont les collectionneurs ne manqueront pas de nous savoir gré.

2. Dont l'une se trouve dans la collection du catalogueur.

pointe-sèches sont changés, le portrait de *Rembrandt* apparaît dans la marge supérieure, ainsi que les souris du bas en train de ronger *La Belle épreuve* qui ne porte pas encore gravée dans cet état la susdite dénomination. — ? épreuves.

5e État. — Les barbes sont partout enlevées. — ? épreuves.

6e État. — Reprise générale de toute la planche pour lui donner ses valeurs définitives. On lit maintenant les mots : *La Belle épreuve* et au-dessous : *Maîtres et petits Maîtres Tome 2.* Un nouveau trait carré entouré de courtes hachures perpendiculaires encadre le sujet principal, l'isolant d'environ deux millimètres des marges gravées.

7e État. — Les croquis des marges ont disparu et le cuivre rogné ne mesure plus que 0,177 sur 0,116. Au milieu et au-dessus du trait carré dans la marge supérieure *IV* et sous la marge inférieure : *Imp J. & A. Lemercier.*

Il y a eu de cette planche avec les marges, 100 épreuves pour les exemplaires grand papier de l'ouvrage de M. H. Béraldi, plus 30 épreuves d'artiste tirées à part.

<h2 style="text-align:center">165</h2>

<h1 style="text-align:center">LA FALAISE. — BAIE DE SAINT-MALO[1]</h1>

H. 0,224. — L. 0,290

A droite une immense et sombre falaise, à mi-côte de laquelle on croit distinguer un semblant de maisonnette assez sommairement indiquée ; elle est séparée par un ravin d'une autre butte, au sommet de laquelle est plantée une croix : presque dans l'axe du ravin, une longue pointe de rochers s'avance dans la mer, à l'extrémité de laquelle est bâti un fortin. Au fond, la baie avec la silhouette de Saint-Malo. En bas à gauche : *L'Abri-Dinard 1889-1890.*

Marge de droite. — Un lapin vu de dos, un hibou sur une branche, têtes de Bretons, église, héron qui va se brancher sur un arbre mort.

Marge du haut. — La mer, rochers émergeant, bateaux, steamer, branches d'arbres.

1. Cette estampe peut être considérée comme la dernière grande et importante pièce exécutée par l'artiste.

Marge de gauche. — La Vierge tenant dans ses bras l'Enfant Jésus, types de Bretons, une croix, une vieille femme, des oiseaux.

Marge du bas. — Branches de houx, un biniou, encore des branches et des lapins.

1er État. — Eau forte, pointe sèche et aquatinte ; *la croix n'existe pas* sur la butte de gauche et la silhouette de Saint-Malo n'apparaît point encore à l'horizon, pas plus que le fortin à l'extrémité des rochers qui s'avancent dans la mer. Le ciel très bas ne monte pas jusqu'au bord du cuivre, ce qui laisse dans l'estampe une partie blanche vide de tous travaux. — 2 épreuves.

2e État. — Retouches au premier plan qui est devenu très clair ; la croix, Saint-Malo et le fortin apparaissent, les blancs de la mer et du ciel enlevés à l'estompe. Les paquets de noirs très veloutés des flancs de la falaise, sont obtenus à la pierre ponce. Il a été tiré de cet état environ 20 épreuves à l'aide de *fausses marges* : les marges supérieures et inférieures sont sans croquis et recouvertes seulement de légères hachures exécutées à la pointe sèche ; dans la marge de gauche on distingue un navire à haute mâture disparaissant presque sous les hachures ; dans celle de droite quelques navires, dont un bateau à vapeur. La planche mesure ainsi 0,248 sur 0,358.

3e État. — A l'horizon quelques silhouettes de constructions ajoutées à droite du clocher, ainsi que quelques esquisses d'arbrisseaux au tout premier plan du bas à gauche.

4e État. — Tout le ciel repris et rempli de petits nuages légers et floconneux. Travaux ajoutés dans la butte de gauche pour l'ombrer ; tout à fait à gauche un navire apparaît à l'horizon. En bas à gauche : *Environs de St-Malo. Félix Buhot 1886* et à droite : *Cat n° 165.*

5e État. — La planche reprise et les tout premiers plans qui étaient encore vides de travaux terminés et mis au point. Les mots : *Environs* etc., et *Cat n° 165* ont été effacés pour faire place à ceux-ci dans le coin du bas à gauche : *L'Abri-Dinard 1889* le nom de l'artiste a disparu. Le ciel a été assombri par la pointe et le grain d'aquatinte. Le semblant de maisonnette suspendue à gauche au flanc de la Falaise apparaît.

C'est de cet état qu'ont été tirées les épreuves avec les fausses marges décrites en même temps que cette estampe. — La planche mesure alors 0,296 sur 0,398.

Il y a eu deux états de ces marges.

1er État. — La croix de la marge de gauche n'existe pas, pas plus que l'église dans la marge de droite au-dessous du héron qui va se brancher.

2e État. — Croix et église apparaissent, les marges enveloppées à la pointe sèche sont aquatintées.

Il a été tiré quelques épreuves avec les marges en ton bistré, et un petit nombre également d'exemplaires sur un vieux papier vert de Hollande semblable à celui qu'affectionnait Méryon : nous l'avions trouvé à Nantes et donné à l'artiste. M. Louis Morin, le charmant écrivain-dessinateur, qui possède l'œuvre presque complet de Buhot dont il était l'ami, en états et en épreuves tout à fait exceptionnels, a dans son portefeuille un exemplaire de La Falaise *qui peut être considéré comme le plus beau connu. — La planche est détruite.*

166

LES OIES

H. 0,154. — L. 0,256

Dans la campagne, un troupeau d'oies s'avance pour se désaltérer dans un ruisseau qui traverse une prairie ; à gauche deux femmes agenouillées lavent du linge, des torchons sont étendus pour sécher derrière elles ; à droite et à gauche des arbres, et au milieu de l'estampe à l'avant-dernier plan, une barrière derrière laquelle on aperçoit une maisonnette.

1er État. — Le tout premier plan à droite vide de travaux ; les arbres sommairement modelés dans le grain, la maisonnnette, les femmes, la silhouette des oies et les chardons brutalement touchés à la pointe sèche non ébarbée. Les *six oies* de droite *n'existent pas* encore. La planche très légèrement aquatintée. — 2 épreuves.

2e État. — La planche reprise à la pointe sèche à la manière du crayon, travaux des premiers plans, les deux femmes sont encore confuses sous les barbes de la pointe, les oies commencent à se détacher, les *six* de droite apparaissent.

3e État. — La planche entièrement reprise et complètement mise en valeur ; le ruisseau, les femmes, les torchons s'accusent ici très nettement, les balafres à la pointe sèche dans le ciel à droite sont effacées. — 8 épreuves.

4e État. — Remorsure du coin droit. Le grain de la planche plus accentué l'a assombrie, dans le haut du ciel à droite un vol d'oiseaux ; deux oies ont été ajoutées à droite, ce qui porte leur nombre à *huit.*

Cette planche gravée en 1887 et actuellement détruite ne porte la signature de l'artiste dans aucun de ses états. Il a été fait quelques essais de tirage à deux tons, ainsi que sur papier essencé.

167

BAPTÊME JAPONAIS

H. 0,219. — L. 0,132

Dans un médaillon ovale tête d'enfant de face, sur une branche à droite deux hiboux, l'un blanc, l'autre noir éclairés par la lune qui se lève ; lanternes japonaises, sous le médaillon une plaque rectangulaire restée blanche, un paravent, des vases et deux Japonais accroupis.

1ᵉʳ État. — Avant le portrait de l'enfant, la planche est aquatintée.

2ᵉ Etat. — Avec le portrait.

Cette estampe, essai de gravure à la plume *fait en 1887 qui ne porte pas de signature a été tirée en bistre à quelques exemplaires avec le portrait de l'enfant, qui est celui du peintre.*

168

LE CHATEAU DES HIBOUX

H. 0,114. — L. 0,179.

Dans un rond équarri, les ruines d'un vieux château se profilent éclairées par la lune qui se lève derrière elles ; sur la colline où est bâti le castel, une rangée de petits hiboux serrés les uns contre les autres et dont les yeux brillant dans l'obscurité font à première vue songer à un cordon de becs de gaz. Sur le tout premier plan, et venant sur vous, un hibou aux ailes étendues rase le sol. En dehors du cercle, à gauche, un oiseau ; à droite, un chat blanc assis, et vu de dos.

1" État. — Eau forte pure lavée d'aquatinte : le chat n'existe pas.

2° État. — Le grain plus foncé, le chat apparaît.

3° État. — Le hibou du premier plan et les autres petits hiboux repris et plus modelés, le vieux château retouché à la pointe sèche non ébarbée, autour du chat quelques attaques de pointe sèche non ébarbée, formant des taches noires qui font ressortir la blancheur de l'animal.

4° État. — Le grain de la planche plus foncé, quelques hachures de pointe sèche ébarbée sur le dos du chat.

Planche détruite. — C'est sur ce cuivre qu'a été gravé l'Ex libris Lerey (Voir n° 51).

169

LA MESSE DE MINUIT

H. 0,334. — L. 0,444

A gauche, se dirigeant vers la droite, de nombreux personnages chaudement emmitouflés et munis de lanternes arrivent sur la place de l'église dont la grande porte tout ouverte laisse entrevoir l'illumination intérieure. D'autres personnages arrivent de droite, quelques-uns stationnent sur le milieu de la place où on aperçoit deux femmes abritées sous un parapluie, un petit chien noir est derrière elles. Dans le bas du coin gauche en dedans du trait carré : *Félix Buhot — 1887.* Quelques croquis dans les marges tels que : silhouettes d'hommes, hiboux sur une branche dans le haut du coin gauche à toucher le trait carré, et en bas à droite un vieil homme la main derrière le dos se dirigeant vers la gauche, dans la marge supérieure envolée d'anges.

Planche détruite, restée inachevée au premier état : des différences dans les tirages semblent donner des illusions d'états qui n'existent pas.

170

L'ÉGLISE DE JOBOURG

H. 0,200. — L. 0,310

A gauche de l'estampe une église vers laquelle se dirigent une femme et un enfant, à droite de l'église une croix.

1er Etat. — Eau forte lavée, le vernis a craqué dans les ciels et produit des crevés semblables à de gros grains d'aquatinte très espacés.

2e Etat. — Le grain plus foncé et enveloppe du ciel à la pointe sèche.

Cette planche sans signature, gravée en 1887, est détruite.

171

FRONTISPICE POUR LES SALLES D'ESTAMPES

H. 0,220. — L. 0,150

Une vaste porte ouverte, au-dessus de laquelle on lit gravés en gros caractères ces mots: *Les Salles d'Estampes* et plus bas à gauche sur l'un des battants où se trouve piquée une petite gravure: *En Province, publiées dans le Journal des Arts 1884-85;* à gauche de l'entrée deux personnages causent ensemble; l'un a son parapluie, l'autre un portefeuille sous le bras. A travers la porte ouverte, on aperçoit des travailleurs occupés à regarder des portefeuilles contenant des gravures. Dans le bas à gauche : *Félix Buhot 1887.*

Cette planche actuellement détruite devait servir de Frontispice à une plaquette de l'artiste qui aurait porté le titre de : Les Salles d'Estampes en Province.

172

FRONTISPICE POUR
LES ZIGZAGS D'UN CURIEUX, D'OCTAVE UZANNE[1]

H. 0,228. — L. 0,168.

Un vieux savant à lunettes et à l'air macabre est assis de profil à gauche devant une table sur laquelle est ouvert un immense bou-

1. Édition Quantin 1888

quin qu'il consulte, un hibou perché à gauche sur un autre volume le regarde ; autour de lui voltigent des chauve-souris dont l'une vient même se poser sur le crâne dénudé du travailleur. En haut à gauche une rangée de hiboux, une araignée au milieu de sa toile, un chat noir marchant sur des livres qui gisent à terre complètent le tableau avec le titre du volume : *Zigzags d'un curieux par Octave Uzanne Paris.*

1ᵉʳ État[1]. — Eau forte pure, dans cet état, la *toute dernière* marge du bas est *vierge* de croquis.

2ᵉ État. — Le sujet principal repris et ombré. Dans cette dernière marge apparait une locomotive et un cheval attelé à une petite voiture.

3ᵉ État. — Le cuivre rogné ne mesure plus que 0,191 sur 0,137, c'est-à-dire qu'une partie des marges du haut, du bas, et de droite ont disparu.

4ᵉ État. — Tous les croquis ont disparu par la nouvelle rognure du cuivre qui ne mesure plus que 0,134 sur 0,193 ; c'est l'état de publication.

Cette estampe ne porte de signature dans aucun de ses états. Il existe quelques épreuves du 3ᵉ état tirées en rouge, et quelques intercalés à l'essence du deuxième ; ces dernières, sur Japon, sont extrêmement curieuses et d'un velouté d'enveloppe tout à fait extraordinaire.

173

LA TIARE

H. 0,394.   L. 0,325

Le nom même de cette estampe nous dispense d'en donner la description. Elle fut offerte à Sa Sainteté Léon XIII à l'occasion de son Jubilé et exécutée par l'orfèvre M. Froment-Meurice qui chargeat Félix Buhot de la reproduire par la gravure.

1ᵉʳ État. — Eau forte et pointe sèche. Tout en haut de l'estampe, Saint-Pierre de Rome dans un rayonnement exécuté à la pointe sèche ébarbée, croquis divers, têtes

---

1. Cette pièce étant entourée d'une *double* marge et d'innombrables croquis dont il serait trop long de donner la description, nous indiquerons purement et simplement une des caractéristiques de ces différents états, de façon à ce que le collectionneur puisse d'un premier coup d'œil se rendre compte de l'état en présence duquel il se trouve.

d'enfants, écussons, tête d'homme à droite (celle de l'artiste), etc. disséminés autour de la Tiare. Sous cette Tiare même et entre les fanons, une tête, très probablement celle de Léon XIII. — 12 épreuves.

2ª État. — Toute la Tiare elle-même, et ses accessoires repris à la pointe sèche ; la plupart des croquis effacés, il ne reste plus que dans le bas les trois têtes d'enfants ; dans un large nuage d'aquatinte à droite de la Tiare, Saint-Pierre de Rome, à gauche Notre-Dame de Paris. La tête de Léon XIII a disparu pour faire place à une nuée d'anges. Sous la tête qui est au milieu en bas on lit : *Félix Buhot 1888.*

3ª État. — Toute la planche très aquatintée et enveloppée à la pointe sèche, le milieu seul où se trouve le sommet de la Tiare resté clair. Autour de la planche des têtes de chérubins. En bas, il ne reste plus que la tête ailée de l'ange du milieu (qui est le portrait du fils de l'artiste).

Il existe quelques épreuves d'essai entre ces états. — Planche détruite.

174

BONNE FEMME COUSANT

H. 0,150. — L. 0,100

Une vieille femme portant lunette assise de profil à gauche et cousant.

Eau forte au trait sans signature, dans le coin du bas à droite écrit à l'envers : Pour essayer... le reste est illisible. Quelques épreuves ont été aquatintées.

175

LES CORBEAUX

H. 0,110. — L. 0,138

Dans le haut de l'estampe cinq corbeaux sur une branche, un peu plus bas à gauche un autre oiseau, et enfin à droite un dernier pendu par la patte.

Eau forte pure au trait sans signature ; cette planche non terminée a été détruite.

176

LES OISEAUX

H 0,299. — L. 0,200

A gauche dans un léger rayonnement, deux oiseaux, l'un blanc, l'autre noir, volant à tire d'ailes vers une ville dont la silhouette se profile à l'horizon à droite. Au-dessous une légion d'anges emportés dans l'espace.

Pointe sèche connue aussi sous le titre Les Hirondelles voyageuses *légèrement lavée. tirée à 4 épreuves sans signature. Il n'y a guère que le tiers du cuivre de gravé, et cette planche, actuellement détruite, a servi à tirer 3 ou 4 épreuves de* La Jetée *(Voir n° 132).*

177

RUE A SAINT-MALO

H. 0,217. — L. 0,146

Une rue étroite dans laquelle on aperçoit à gauche une vieille femme et son âne.

Pointe sèche très sommairement esquissée et détruite avant d'avoir été terminée.

178

ARBRE ET BATEAUX

H. 0,168. — L. 0,232

Comme l'indique la rubrique : un grand arbre occupant le milieu de l'estampe, à gauche quelques bateaux disséminés.

Pointe sèche et aquatinte sans signature.

179

LEVER DE LUNE A DINARD

H. 0,340. — L. 0,434

A Dinard, dans la baie profonde ceinturée de collines, où se viennent presque baigner dans la mer les branches des arbres du premier plan, la lune se dégage des nuages et se lève à l'horizon. Dans un pli de terrain du rivage deux personnages vus de dos s'éloignent, se dirigeant vers la mer. Au bas dans le coin gauche : *Félix Buhot. — Dinard 1891.*

Eau forte et pointe sèche aquatintée, non terminée et demeurée au premier état. Les arbres modelés à la pointe sèche non ébarbée, se détachent en vigueur sur le premier plan ; les marges aquatintées, tachées de grain, d'attaques de roulette, de piqûres de pointe sèche, sont vierges de croquis, à part cependant celle de gauche, où l'on distingue à peine et très superficiellement gravés quelques griffonnis de terrain, et une réplique des deux personnages du rivage.

LITHOGRAPHIES

180

CHAUMIÈRE DE PÊCHEUR

H. 0,370. — L. 0,530

A gauche une chaumière devant laquelle s'étend une petite plage entourée de collines. Les marges chargées de croquis tels que : chaland échoué, petit panier accroché au mur, oies et reminiscences de *Une Matinée d'automne* (n° 71) et de *La Route de Gréville* (n° 57) etc.

1er État. — En noir et sans signature ; dans la marge de gauche le chaland échoué n'existe pas.

2ᵉ État. — Les croquis sont terminés, la pierre lavée au pinceau. Au bas à gauche : *Félix Buhot.* — 12 épreuves.

Cette lithographie a figuré au Champ de Mars en septembre et octobre 1895 au Centenaire de la Lithographie sous le nº 1023.

181

LE PETIT CHASSEUR

H. 0,260. -- L. 0,348

La même pièce que celle décrite au nº 71.

1ᵉʳ État. — Les croquis des marges ne sont pas complets, ainsi la grenouille du bas à gauche n'existe pas, la marge supérieure est blanche. Dans le bas de l'estampe on lit cette annotation : *Après* (sic) *mon eau forte dite : Le petit chasseur, détruite après quelques épreuves.* — Le soleil est lumineux et darde ses rayons.

2ᵉ État. -- Les marges sont terminées, le soleil n'a plus de lumière et les rayons ont disparu. L'annotation est effacée, dans le coin du bas à gauche on lit écrit à l'envers : *Matinée d'automne,* et à droite en bas au-dessous du trait, également à l'envers : *Félix Buhot.*

La pierre est détruite.

182

ENFANT DESSINANT

H. 0,320. — L. 0,250

Un enfant vu à mi-corps de profil à droite, dessinant près d'un carnet ouvert. Au-dessus de sa tête dans le coin gauche : *Jean Buhot;* plus bas, près de son coude droit : *Samedi 16 Juillet.* Dans les marges qui l'entourent, un autre profil de l'enfant à gauche, et deux autres têtes, la mer et des bateaux, et sommairement esquissés une femme et son enfant vus de dos, tout à fait dans le bas du coin gauche.

Pierre détruite.

183

THE EMBANKMENT WESTMINSTER

H. 0,355. — L. 0,223

Sur une chaussée bordée d'arbres, deux voitures s'éloignent : la première est un Hansom, au fond de l'estampe on aperçoit la Tour de Westminster. Au pied de l'arbre du premier plan à gauche un homme se tient debout. Sous le trait carré en dedans dans le bas du coin gauche on lit : *F^x Buhot London 1892.* Dans le milieu de la marge du bas une remarque : deux petits canots à la voile et un vapeur.

*Cette planche qui a été publiée dans l'*Album des Peintres-Lithographes, *a figuré aussi au* Centenaire de la Lithographie *en 1895 sous le n° 1022.*

184

THE VICTORIA CLOCK TOWER LONDON

H. 0,035. — L. 0,240

A l'extrémité d'un large pont sur lequel circulent voitures et piétons, on aperçoit la Tour de l'Horloge. En bas dans le coin à gauche en dedans du trait carré : *Félix Buhot pour Mr Duchatel.*

Cette planche a paru en 1893 dans le Traité de Lithographie artistique, *par* E. Duchatel.

185

MONTMARTRE LE 14 JUILLET

H. 0,320. — L. 0,400

De hautes maisons à gauche, par dessus le toit desquelles on aperçoit, émergeant en blanc, l'église du Sacré-Cœur. Dans le bas du coin droit : *F B 1892.*

Pierre non terminée et détruite.

186

LA RUE DE BUCI

H. 0,283. — L. 0,405

Une rue étroite bordée de hautes maisons ; dans la marge à gauche un prêtre vu de dos, et du même côté dans le bas du coin on lit : *La Rue de Buci 23 Juillet.* A droite dans le bas, une voiture attelée d'un cheval se dirigeant vers la gauche.

Pierre sans signature, détruite avant d'avoir été terminée. — Toutes les lithographies qui précèdent ont été tirées à très petit nombre.

TABLE

ERRATUM

N⁰ 149. — *Une transposition dans les fiches nous a fait dire qu'il existait des Petites Chaumières quelques essais à deux tons ; c'est une erreur, et aucune pièce semblable ne se trouve par conséquent dans notre collection.*

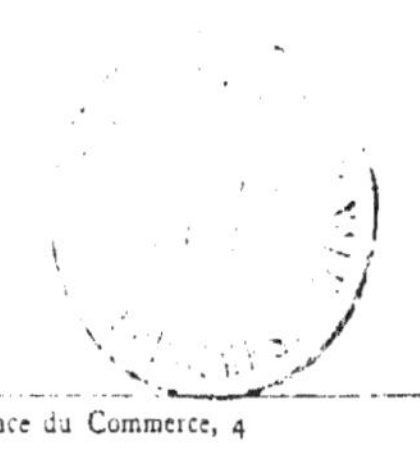

Nantes. — Émile Grimaud, imprimeur breveté, place du Commerce, 4

ACHEVÉ D'IMPRIMER

A NANTES

LE 20 MAI 1899

PAR

ÈMILE GRIMAUD ET FILS

POUR

MADAME FÉLIX BUHOT

www.ingramcontent.com/pod-product-compliance
Lightning Source LLC
LaVergne TN
LVHW012315170726
843503LV00002B/681